5SARAUS

FABIANO CALIXTO
APRESENTAÇÃO E ORGANIZAÇÃO
ANTOLOGIA DE POEMAS

RUTH BARROS
TETÉ MARTINHO
TEXTOS-REPORTAGENS

COLETIVO GARAPA
FOTOGRAFIAS

5 SARAUS

CADA QUAL COM SUA POESIA, CADA QUAL COM SUA FÚRIA

imprensaoficial
GOVERNO DO ESTADO DE SÃO PAULO

O reconhecimento de um movimento que se consolida em nossa cidade fez com que a Imprensa Oficial do Estado de São Paulo, juntamente com a Secretaria de Estado da Cultura, tomasse a iniciativa de registrá-lo, transformando-o em um dos títulos do catálogo de nossa Editora.

Dada a amplitude e a frequência desse movimento — que se popularizou por meio de saraus de poesia, sobretudo na periferia — constituímos uma equipe que levou a cabo o presente livro, à qual agradecemos.

Foi previsto um roteiro dos saraus a serem visitados, e a partir deles foi organizada uma antologia de poetas que se destacam pela linguagem, estilo e identidade singulares.

O livro foi estruturado para registrar, antes, a obra desses poetas e, logo, os seres que os constituem. Pensou-se em uma reportagem que caracterizasse cada um desses saraus, a região em que cada um ecoa, acabando por ressoar na própria cidade, no coração da metrópole.

Cinco saraus foram radiografados. O resultado foi um indicador de que mesmo cidades superdimensionadas como a nossa podem se humanizar quando se dá voz aos que almejam sua melhoria.

A linguagem visual, tão importante como a linguagem do poema e a do relato, por meio de fotografias e do projeto gráfico, deu a este livro a forma e a dinâmica que correspondem a esses saraus.

Sarau Poesia na Brasa, Elo da Corrente, Cooperifa, Sarau do Binho, Sarau na Quebrada — esses cinco bastaram para se constatar a solidez desses movimentos que buscam, por meio da palavra, as mudanças almejadas.

A palavra seria o verdadeiro instrumento de transformação, ao possibilitar um movimento de livre expressão, de múltiplos discursos, se integrando sutilmente e sem muito alarde, não apenas nas variadas redes de nosso tempo, mas passando a fazer parte do tecido da cidade, qualificando culturalmente cada região.

Os saraus passaram a atrair não apenas poetas, jovens com o sonho de escrever ou de decifrar melhor nossa sociedade, mas também moradores de seu entorno, que com sua participação os fortalecem, confere-lhes representatividade, e levam à compreensão não apenas da construção de um movimento literário com linguagem viva, variação linguística e gírias incorporadas, mas a partir dessas ações, modificam o meio em que cotidianamente vivem.

A maioria dos bares que abriga saraus possui uma pequena biblioteca, cujos livros circulam sem cadastro ou fichas de identificação de autores e leitores, bibliotecas informais, com livros em circulação fluida, permitindo a base de formação de novos leitores. Nelas foram identificados, até pela recorrência, a preferência desse público.

Autores como Carolina Maria de Jesus, a primeira representante literária dos despossuídos, catadora de papel, mulher e negra, que comemoraria neste ano seu centenário. Pablo Neruda e Vinicius de Moraes, dois poetas que não por acaso se tornaram amigos e que tocaram o sentimento de seus povos. Por fim, Paulo Leminski, Vladimir Maiakóvski, Bertolt Brecht, e nesses, a evocação do espírito revolucionário em seu sentido mais amplo e perene.

Quisemos trazer para esta edição esses lugares longínquos, em que a cidade espraia sua rede — não importando diferenças geográficas ou temáticas — mas lugares em que esses coletivos se organizam e se amparam.

A periferia e seus moradores, a periferia e seus poetas, que vêm transformando seus lugares de morada e de vivência, têm alterado um mapa até então feito apenas de marcadores sociais e econômicos, para nos mostrar, de peito aberto, um mapa cultural e afetivo.

MARCOS ANTONIO MONTEIRO
Diretor-presidente

POETAS NA PERIFERIA DO CAPITALISMO

A poesia está sempre em algum lugar.
O seu recente abandono das artes torna
mais fácil ver que ela reside antes de tudo
nos gestos, num estilo de vida, numa busca
desse estilo. Reprimida em toda parte, essa
poesia por toda parte floresce. Brutalmente
recalcada, anima os grandes carnavais
revolucionários antes que os burocratas lhe
fixem residência na cultura hagiográfica.
Raoul Vaneigem

Não estou à margem de uma história, estou no centro de outra.
Vitor Ramil

A palavra é luta. Não consigo desvincular a palavra da luta.
Luan Luando

Os poetas da periferia de São Paulo, e acredito que os poetas da periferia das cidades brasileiras, são os *angry young women & men*[1] do nosso tempo. Uma certa geração X, praticamente um coletivo inominável, da poesia brasileira contemporânea.

E são muito bem-vindos. Justamente no momento em que parte da poesia, aquela que não interessa, que veste

1 Geração de romancistas e dramaturgos britânicos que surgiu na década de 1950 e expressavam desprezo e insatisfação com a ordem sociopolítica de seu país, além de nutrir total repulsa pela hipocrisia e mediocridade das classes endinheiradas.

fraque na língua, que se traveste de artefato museológico, broxa no festim das bruxas. No momento em que a leitura parece entrar em crise — não só o livro, mas tudo o que o orbita —, sobressaindo-se o lixo cultural, carradas de livros de autoajuda e esoterismos nas listas dos mais vendidos, o livro como instrumento se distancia de seu poder efetivo, parece ir ao encontro da falência do sistema educacional, evidenciando brutais desigualdades sociais, aparecem esses poetas da periferia, com sua vivíssima poesia nitroglicerínica. Ah, esses poetas da periferia!

Porque, para eles, a aparelhagem estatal não pode ser aceita ou entendida como esmola, e sim como um direito. Em seus palcos, praças, circos, bancos de jardim, ruas, bares, a poesia está há muito tempo engatilhada — algumas palavras da terminologia de guerra são absolutamente impossíveis de escapar — ligando corações e mentes. Essa geração não espera, faz fazendo. Como diria o poeta Décio Pignatari, "movimentos movimentam".

Os coletivos — onde quase tudo se reparte, num confronto direto com a ordem capitalista —, são a construção de novas possibilidades políticas e poéticas dessa moçada. A autogestão é o caminho. Essa galera se autoeduca — e se autoeduca através de sua música, das cores de seus muros, de sua dança, de sua palavra, de sua politização, de sua voz nas ruas e quebradas.

A resistência passa pelo afeto e, como diria Ernesto Sábato, "[...] nos salvaremos pelos afetos. O mundo nada pode contra o homem que canta na miséria". Uma cultura toda, enfim, sendo construída à margem dos grandes centros, abrindo passagem para a consolidação de outros pontos de vista da história, descentralizando a arte e evitando a hierarquização de artistas, seja no centro ou na periferia. É, enfim, uma cultura viva e pulsante, que não vai deixar barato, que vai pra cima. Que não vai querer ser convidada para a festa pobre dos endinheirados, mas vai cobrar o seu quinhão disso tudo, de tudo o que lhes foi negado. Pois é de direito.

Nessa reconstrução, as ações coletivas imperam, apoio mútuo total. Um livro não é um livro de um poeta, mas uma ação de conjunto onde participam designers, ilustradores, apoiadores em geral. As bibliotecas comunitárias invadem os bares. O livro, para eles, é companhia, afinidade eletiva, paixão desmedida. Coletividade. O livro, para eles, é uma festa.

Os saraus da perifa paulista são grandes *happenings* noturnos, onde a poesia é a entidade que toca a todos. A plataforma livro já não é a única. Os poemas, antes de voar pelo ambiente através da garganta dos poetas, estão em telefones celulares, *tablets*, na pele. As linguagens não são homogêneas, e isso é uma riqueza.

Não são garotas e garotos ingênuos que fazem literatura sob a égide do rap, como muitos insistem, inocentemente, em etiquetá-los. Sim, o rap (*rhythm and poetry*, não nos esqueçamos) e a poesia que se faz na quebrada se "entreperfumam", porém, mantêm suas especificidades.

É uma outra poesia feita de uma outra maneira. Há várias maneiras de se fazer poesia e eles muito experimentam. Como escreveu Roberto Bolaño, em seu poema em prosa "Não há regras": "[...] Não há regras. ('Digam ao estúpido do Arnold Bennet que todas as regras de construção seguem válidas apenas para os romances que são cópias de outros') [...]".[2] São, sim, meninas e meninos que estão sabendo muito, se envolvendo muito, se informando. Ação direta poética no coração da política.

---

2 BOLAÑO, Roberto. *La Universidad desconocida*. Barcelona. Editorial Anagrama, 2007, p. 232. Tradução livre do organizador.

Neste pequeno panorama, 11 poetas foram escolhidos. Claro que essa escolha não representa a totalidade do fenômeno e muito menos o esgota. Essa antologia é apenas uma amostragem — ou, como se diz na quebrada, um aperitivo. São poetas diferentes entre si e que, juntos, conseguem formar um belo quadro do que se produz em matéria de poesia nas periferias de São Paulo. São eles: Binho, Gláucia Adriani, Helio Neri, Luan Luando, Luiza Romão, Marcia Lima, Michel Yakini, Rodrigo Ciríaco, Sérgio Vaz, Thiago Cervan e Thiago Peixoto. Cada qual com sua poética, cada qual com sua fúria. Do lirismo político de Thiago Cervan e Luan Luando, passando pela erótica de Gláucia Adriani e os experimentos visuais de Rodrigo Ciríaco, até a poesia meditativa de Helio Neri, é uma poética rica em sua multiplicidade de interesses e questões.

"O som que incomoda vem do subterrâneo", eles bradam. Não seria este som, aliás, contíguo àquele "urro primitivo" que os expressionistas alemães postulavam que se devia ouvir no fundo do poema?

Bem, fiquem em companhia dos poemas. Aqui, poemas são armas quentes. E gritantes. Poesia humana, de sabor forte, contra a gramática da barbárie.

FABIANO CALIXTO

LIRISMO DE COMBATE

UM PEQUENO PANORAMA DA POESIA DA PERIFERIA DE SÃO PAULO

BINHO
GLÁUCIA ADRIANI
HELIO NERI
LUAN LUANDO
LUIZA ROMÃO
MARCIA LIMA
MICHEL YAKINI
RODRIGO CIRÍACO
SÉRGIO VAZ
THIAGO CERVAN
THIAGO PEIXOTO

BINHO

CAMPO LIMPO TABOÃO

Quando nasci, tinha seis anos.
No lugar que nasci,
Sonhava que era tudo nosso.
Tinha os campinhos e os terrenos baldios.
Era meu território.
Já foi interior,
Hoje periferia com as casas cruas.
As vacas com tetas gruas
Não existem mais.
A cerca virou muro. Óbvio.
A cidade cresce,
O muro cresce.
Vieram os prédios, as delegacias, os puteiros
e as Casas Bahia.
Também cresci,
Fiquei grande.
Já não caibo dentro de mim
E de tão solitário
Sou meu próprio vizinho.
E de tão solitário
Sou meu próprio vizinho.

SÓ ME
sinto vivo
quando
alguém
sonha
comigo

A TV
em cores
explode
pretos
e brancos

COOPERIFA

FAZ BARULHO

A FELICIDADE,
AINDA QUE
TARDIA, DEVE SER
CONQUISTADA.
E QUE NINGUÉM
MAIS ACEITE AS
MIGALHAS DO
COTIDIANO.

SÉRGIO VAZ

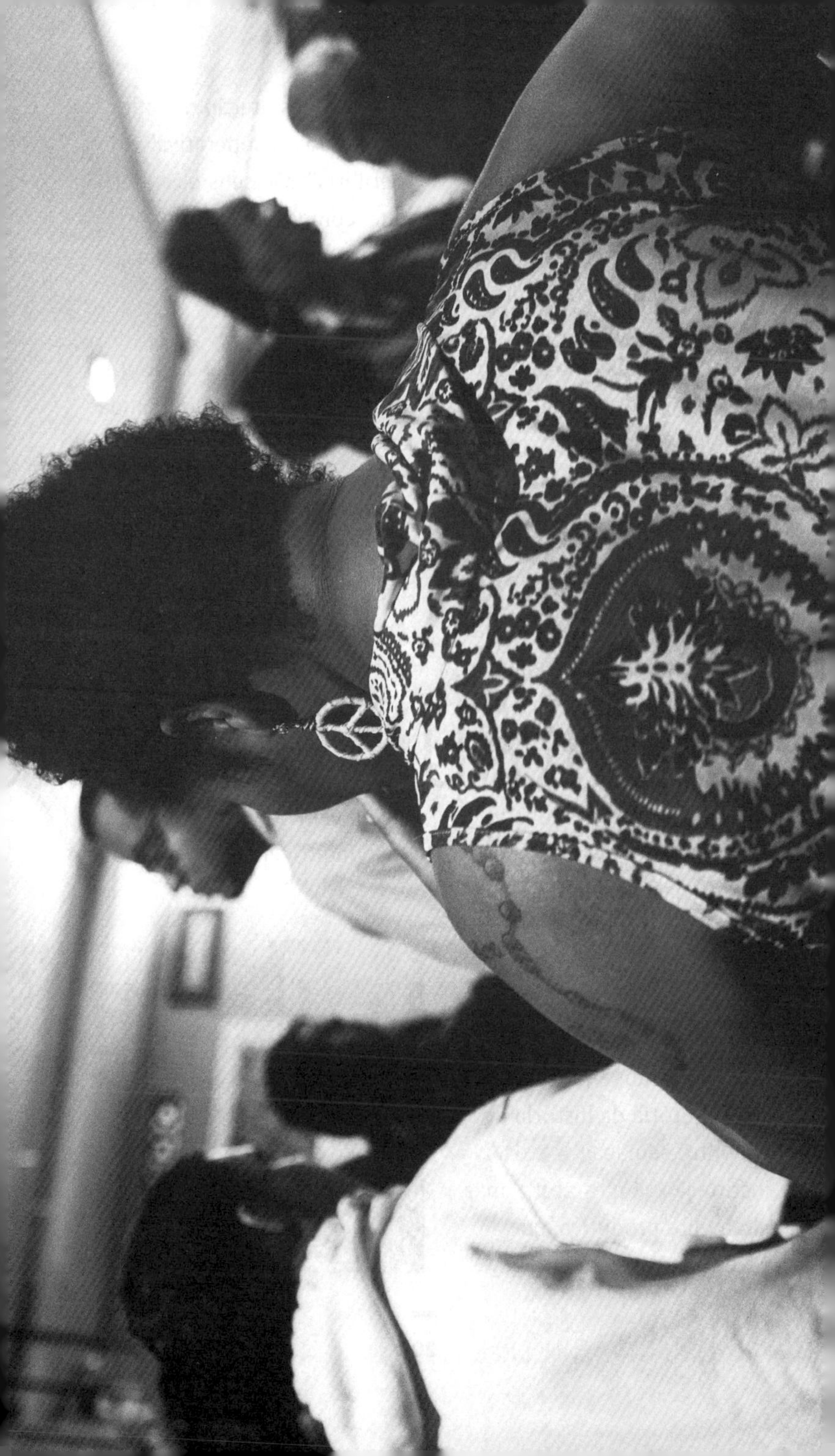

SARAU É QUESTÃO

Na forma como é evocada no Sarau da Cooperifa, poesia não é só, e nem principalmente, um gênero literário, ou mesmo o que de intangível se desprende de versos finamente urdidos ou genialmente achados. É mais embaixo. É um caminho para a união e a alegria; é a mágica que destrambelha o impossível; é um jeito de agarrar, da vida, mais do que as "migalhas do cotidiano". "O Sarau da Cooperifa é quando a poesia desce do pedestal e beija os pés da comunidade", resume Sérgio Vaz, poeta, 50 anos em 2014, à frente do sarau desde antes do sarau ser sonhado.

Ainda que, como ele mesmo não se cansa de repetir, sozinho não se é nem se faz nada, e que muitos tenham contribuído e sigam contribuindo para fazer a fama do sarau, é difícil separar sua trajetória da história do encontro semanal — e da instituição sem estatuto, mas altamente produtiva, que atende pelo mesmo nome.

Foi sua a inspiração de unir as palavras "cooperativa" e "periferia"; são seus os sonhos que, compartilhados por muitos, ajudaram a mudar uma cena recorrente na periferia. "Tudo que era arte e cultura ficava pra lá da ponte do Socorro", descobriu, ainda adolescente e já ávido por música, teatro e poesia.

"Enquanto eles capitalizam a realidade, eu socializo meu sonho". Impressos em lambe-lambes e colados nas paredes do Bar do Zé Batidão, os versos-manifesto eram a primeira visão do Sarau da Cooperifa neste inverno. Para quem vem de outro sonho (não muito feliz) de periferia

SÉRGIO VAZ ABRE OS TRABALHOS: LOTADO TODAS AS QUARTAS, SARAU DA COOPERIFA É INSTITUIÇÃO NA NOITE DA PERIFERIA

DE SAÚDE PÚBLICA

e vence o mar de corcovas que separa a avenida M'Boi Mirim do Jardim Guarujá, extremo sul de São Paulo, a autoproclamada "noite mais loka de São Paulo" é uma grata surpresa. O bar é um espaço agradável, que o sucesso do evento ajudou a ampliar e organizar: hoje, tem banheiro para deficientes e funcionários que ajudam os recém-chegados a achar um lugar. A quase centena de felizardos que chegaram cedo para garantir uma mesa esperam sentados, tomando cerveja gelada com pastel ou um bolinho de carne de sol inesquecível. Na praça em frente, ficam outros tantos, que "colaram", mas não couberam.

O clima é de confraternização e o esquema, sempre o mesmo. O sarau vai das 20h45 às 23h.

Inscreve-se para falar poesia quem bem entender; em geral, de cinquenta a sessenta pessoas. Embora alguns se façam acompanhar por instrumentos, as apresentações musicais são desestimuladas, porque o bar é cercado de casas por todos os lados. Na plateia, misturam-se professores, estudantes, ativistas, poetas e moradores locais a fim de um bom programa. Todos se igualam na observância respeitosa do verso-mandamento do sarau: “O silêncio é uma prece”. Quando chega a hora, Vaz vai ao microfone para agradecer parceiros, saudar a presença de professores de escolas da periferia e grupos de rap, e abrir os trabalhos. “Faz barulho, Cooperifa”, é o grito de guerra. E ele completa: “Vamo ser feliz, ‘caraio’. Contra tudo e contra todos”.

O SARAU MUDOU A VIDA DE EDITE MARQUES DA SILVA: “HOJE, TODO MUNDO QUER ME ESCUTAR DIZER POESIA”

NOVA VISÃO

Ela tem direito de errar e até esquecer pedaços dos poemas. Quando começa a declamar, Edite Marques da Silva não é mais aquela senhora de 72 anos que inspira cuidados por ser deficiente visual. “Hoje sou outra”, confirma a metalúrgica aposentada, conhecida como a rainha da Cooperifa. “Não sou apenas a pessoa que todo mundo vai ajudar por pena. Sou convidada para batizados, casamentos, todo mundo quer me escutar dizer poesia.”

Dona Edite começou a soltar a voz na Cooperifa há oito anos. É ela normalmente quem encerra o sarau, aguardada com ansiedade e ouvida com reverência. Os versos de Thiago de Mello vez ou outra somem da memória, mas quem liga? O que conta mesmo é a luta para decorar com a fita cassete gravada pela sobrinha, já que não lê nem braille.

QUEM LÊ ENXERGA

E o sucesso é grande, chovem cumprimentos, beijos, abraços. “Me sinto amada, o contato com as pessoas me valoriza.”

Apavorada ao perder a visão há dezoito anos, por uma retinopatia consequente do diabetes, não tinha ideia de que alcançaria um mundo onde poucos que enxergam têm vez: “Já me apresentei em programa da Unicef, em vários programas de TV, no Auditório Ibirapuera, fui muito filmada. Não me sinto muito celebridade, apenas que, tendo perdido alguma coisa, ganhei espaço. E autoestima”.

A vida ficou tão diferente que mudou, sem nenhum trocadilho, até o jeito de vê-la. “Hoje não peço mais minha visão de volta. Quero continuar tendo essa força que me conduz ao lugar que consegui chegar.” Entre os ganhos, ela contabiliza também o amor pela poesia e seus favoritos: nem só de Thiago de Mello vive uma declamadora. “*Literatura das ruas*, de Sérgio Vaz, é um livro que todo brasileiro devia conhecer”, aconselha.

A admiração pela obra de Sérgio Vaz foi o elo que uniu duas mulheres tão diferentes quanto essa migrante do norte de Minas e a jovem atriz Luiza Romão, de 21 anos, moradora da badalada Vila Madalena. De certa forma, o destino de Luiza foi traçado desde a certidão de nascimento: “Se eu fosse homem ia ser Tom”, conta. Como deu menina, o maestro soberano acabou sendo homenageado pela canção “Luiza”.

MELHOR

Seus pais, professores da USP de Ribeirão Preto, são admiradores da fina flor da MPB. “Meus irmãos se chamam Chico, Caetano e Bethania.” Além dos nomes, o casal encontrou outro meio de transmitir aos filhos a paixão.

LUIZA ROMÃO, QUE VEM DA ZONA OESTE PARA VER O SARAU: NA INFÂNCIA, LIVRO LIDO VALIA BOLSA-LITERATURA

"Eles nos davam uma espécie de bolsa-literatura, R$10 para cada livro que a gente lia."

Entre outros efeitos colaterais causados pelo "suborno" dos pais, além de ter se formado em direção teatral pela USP, Luiza se encantou pela obra de Vaz ao conhecê-lo em uma apresentação no Itaú Cultural. Daí para a Cooperifa foi um pulo. Ou nem tanto. Sem carro, passou a enfrentar ônibus, trem e metrô para participar dos saraus nas quartas-feiras. Com alegria: "Esse contato direto com o público me estimula como atriz. Aqui fiz amigos. São pessoas muito acolhedoras, a quem respeito muito. A periferia é libertária".

VAMO SER FELIZ, CARAIO. CO

DOM QUIXOTE

Por uma dessas coincidências que de casuais não têm nada, o bar onde o Sarau da Cooperifa acontece ocupa o mesmo imóvel que abrigou, nos anos 1970, o Bar e Empório Guarujá, do pai de Sérgio Vaz. Nascido em Minas e criado em Piraporinha, então um bairro novo e carente de infraestrutura, o poeta passou boa parte da adolescência enfurnado no mercadinho, ajudando. Não sabe do que gostava menos, se do trabalho ou da escola. Mas lembra para onde fugia. De ficção científica a Monteiro Lobato, de Jorge Amado a Agatha Christie, de Graciliano Ramos a Pablo Neruda, cresceu devorando livros.

Dos muitos que leu, nenhum o marcaria mais do que *Dom Quixote*. "Foi graças

RA TUDO E CONTRA TODOS

a ele que me compreendi como pessoa. Entendi que eu não tinha nascido pra trabalhar oito horas por dia, mas para ser maluco, mesmo", conta. Em alguns anos, estaria criando moinhos para desafiar. Antes, porém, o leitor voraz conheceria o desejo de escrever. Começou fazendo letras de música, sob influência da MPB dos anos 1970, pela qual teve notícia de que o país vivia uma ditadura militar. O tom de protesto se impregnou na sua poesia, que demorou para ver a luz do dia. "Era muito crítico, me achava ruim."

Em 1988, trabalhando como auxiliar de escritório, rachou com uma amiga a impressão dos 500 exemplares do primeiro livro, *Subindo a ladeira mora a noite*. O segundo, *A margem do vento*, em 1991, ele convenceu o dono da empresa de materiais de

A FORÇA DO RAP NAS COMUNIDADES DE PERIFERIA INSPIROU IDEIA DO SARAU

construção onde trabalhava a financiar. Foi quando começou a manifestar a verve quixotesca: depois de muito tentar vender o livro em bares, teatros, shows e faculdades, inventou de fazer uma aparição performática: vestido em andrajos, circulou pela Bienal do Livro carregando uma placa onde se lia: "Poeta brasileiro. Procura-se leitor".

Não pararia mais de procurar e achar brechas para a poesia. Fez recitais em feiras e escolas, imprimiu e distribuiu de graça milhares de cartões postais e marcadores de livros com poemas, criou o Poesia contra a violência, série de encontros em escolas em que lia poemas e incitava conversas com os alunos sobre os problemas de viver na periferia, a importância da informação, a ideia de cidadania. Recitou poemas em presídios e em shows de rap pelo Brasil; na época, ficou conhecido como "o tiozinho da poesia".

O encontro com o rap trouxe uma luz. "Comecei a perceber a força dos artistas da comunidade no fortalecimento da cidadania da periferia", conta em *Cooperifa, antropofagia periférica* (Aeroplano editora, 2008). "E que a gente precisava mudar a, e não mudar da periferia." Pouco depois, encabeçaria a produção, sem um tostão, de uma "semana de arte moderna" em uma fábrica abandonada de Taboão da Serra, com rap, teatro, poesia e grafite. O nome Cooperifa surgiu aí, no alto de um manifesto em que Vaz exortava: "É preciso sugar da arte um novo tipo de artista: o artista cidadão".

O sarau surgiria em 2001. Primeiro ensaiado na Quinta Maldita, um encontro semanal com amigos como o também poeta Marco Pezão, que incorporou uma rodada de poesia às várias de cerveja. Depois oficializado no Garajão, bar no Jardim Maria Rosa, nas noites de quarta. Amealhado um público inicial, o boca a boca fez efeito. Em pouco tempo, uma centena de pessoas de todo tipo entupiam o pequeno bar. No microfone aberto, os poemas de temática social foram se sobrepondo aos românticos, que nunca deixaram de marcar presença. Antes mesmo de se mudar para o Zé Batidão, a Cooperifa fazia barulho, atraindo convidados como Mano Brown e o escritor Marcelo Rubens Paiva, que foi lá em 2002 fazer uma reportagem para a *Folha de S. Paulo*. A manchete já decretava: "Sarau transforma boteco da periferia de SP em centro cultural".

PONTO E VÍRGULA

Pelo microfone da Cooperifa passam homens e mulheres, brancos e negros, jovens ou nem tanto. Uns arriscam versos próprios, outros leem clássicos, outros fazem paródias. Jessica Lazari embaralha temas sociais com o Hino Nacional, para concluir no refrão: "Ó pátria enganada, isolada, quem puder que se salve". Um rapper saca o smartphone para ler a cola do poema. Alguém pondera: "Um mundaréu de coisas para olhar/ Uns verão poesia/ Outros o que podem ganhar". Há poemas feministas; poemas que falam de injustiça social; poemas que narram cenas da vida na periferia. Alguém recorre a Gonçalves Dias e levanta a bandeira. "Não permita Deus que eu morra/ sem que possa esse mundo consertar."

Renato da Cruz Lima não fala poesia, mas presta muita atenção. Operador de logística, 31 anos, foi obrigado a largar a faculdade no primeiro ano para cuidar da mãe, que teve um AVC. Há seis meses é

A PERIFERIA E

assíduo nas noites de quarta-feira: "Fui sempre muito mal em português na escola. Aqui na Cooperifa comecei a ter gosto por aprender que tudo na vida tem começo, vírgula e ponto final". Também aprende muito no sarau Acácio Batista dos Santos, que declama longo poema do repentista pernambucano Chico Pedrosa. Ele vem toda semana de Parelheiros, onde é professor da rede pública. Inspirado no sarau, selecionou textos produzidos na periferia para trabalhar com seus alunos e viu o interesse deles crescer. "A identificação é maior", explica. "E os alunos percebem que também podem ser escritores. Começam a apresentar os poemas deles." Por essas e por outras, acha que Cooperifa é mais que cultura. "Aqui é minha válvula de escape. Venho para me curar. Como diz o Sérgio Vaz, sarau é questão de saúde pública."

REAÇÃO COMUNITÁRIA

Nos últimos dez anos, desde que se instalou no Bar do Zé Batidão, o Sarau da Cooperifa tem feito sua parte para mudar o tom das notícias sobre o Jardim Ângela. Conglomerado de bairros pobres que cresceram na informalidade, ocupando várzeas e encostas íngremes nas margens da Estrada de M'Boi Mirim a partir dos anos 1970, o distrito ficou conhecido pelo número calamitoso de homicídios. Em 1996, quando eles eram 22 por mês — ou 200 para cada 100 mil homens entre 15 e 25 anos —, foi declarada a região mais violenta do planeta pela

LIBERTÁRIA

Organização das Nações Unidas (ONU). "Isso aqui era o Vietnã brasileiro", diz Sérgio Vaz.

Subordinado à subprefeitura de M'Boi Mirim, como a vizinha Jardim São Luís, e casa de mais de 300 mil pessoas, o bairro ainda carece de quase tudo, quase vinte anos depois: saneamento, transporte público, leitos hospitalares, creches, escolas, equipamentos culturais. Em 2012, mantinha-se entre os cinco distritos com IDH (Índice de desenvolvimento humano) mais baixo da cidade. Mas a articulação que nasceu e se fortaleceu diante da escalada de violência faria diferença: entre 2000 e 2004, o número de homicídios caiu 45%; em 2005, era a metade do registrado nove anos antes; em 2009, a Secretaria de Segurança Pública registrava 86 assassinatos na zona sul inteira, contra 108 do centro da cidade.

A reação partiu da comunidade. A partir de 1996, a Paróquia dos Mártires, comandada pelo padre irlandês Jaime Crowe, aglutinou organizações comunitárias e serviu de berço a novas, voltadas a amparar mulheres vítimas de violência doméstica, adolescentes sem escola, dependentes de álcool e drogas. Foi criado o Fórum em Defesa da Vida, que reunia 200 organizações da comunidade e de fora, além de polícia, prefeitura e governo estadual, para discutir políticas para a região; e a Caminhada pela Vida, na qual 5 mil moradores marcharam até o Cemitério Jardim São Luís para protestar contra a falta de políticas públicas contra a violência na região. O protesto virou tradição e chegou à 18ª edição em 2014.

Como resultado das discussões, o bairro ganhou cinco bases de policiamento comunitário e programas educacionais voltados às crianças e jovens. A violência começou a ser discutida nas

SOCIALIZA

escolas e espaços abandonados viraram áreas de lazer.

A mudança nos índices, a partir de 2001, chamou atenção para o que pode uma movimentação engendrada e legitimada pela comunidade. "O Jardim Ângela, assim como várias outras experiências brasileiras, ensina que, dentro e fora do governo, está surgindo uma notável vanguarda de lideranças sociais", escreveu o jornalista Gilberto Dimenstein na *Folha de S. Paulo* em 2005, quando o bairro comemorava 45 dias sem assassinatos. "São essas pessoas e experiências que vão moldar as políticas públicas brasileiras."

No cerne das ações que, a exemplo do Jardim Ângela, tentam fazer frente à violência na periferia paulistana, está a ideia de fomentar uma cultura da paz. O mesmo espírito move os saraus de poesia, que estimulam a leitura e a expressão poética como formas de resgatar dignidades, ampliar horizontes e construir uma resistência a destinos que se impõem fortemente: o crime, a violência, a anestesia aliciadora da droga. Em *Vasilhame*, o rapper Criolo canta: "Você quer brisa? Vai escutar poesia. Toda quarta-feira ainda tem Cooperifa". Em *Subirusdoistiozin*, a referência é mais crua: "As criança daqui/ Tão de HK/ Leva no sarau/ Salva essa alma aí".

"Quem lê enxerga melhor", afiança Sérgio Vaz. Amparado na experiência de quinze anos trabalhando para aproximar o público da periferia da experiência literária — e do que há de libertário nela —, ele sintetiza a crença no poder transformador da leitura em vários poemas. Um dos mais contundentes é "A vida é loka". "Esses dias tinha um moleque na quebrada com uma arma de quase 400 páginas na mão. Umas minas cheirando prosa, uns acendendo poesia. (...) Uns tiozinho e umas tiazinha no sarau enchendo a cara de poemas. Depois saíram vomitando versos na calçada."

R O SONHO

A POESIA NÃO PARA

A noite termina um pouco antes das 23h, mas a poesia não para. Em torno e para além do sarau, criam-se e promovem-se outras estratégias para estimular a leitura e incitar a expressão cultural na periferia. Em outubro de 2014, a sétima Mostra Cultural da Cooperifa trouxe uma semana de apresentações gratuitas de rap, teatro, samba, dança e poesia ao Zé Batidão e a espaços culturais no Capão Redondo e Campo Limpo. Em abril, na oitava edição do Poesia no ar, participantes do sarau fizeram poemas e recados voar pelo céu da cidade a bordo de quinhentos balões cheios de hélio.

Outros eventos que se repetem são o Cinema na

OS POETAS LUIZA ROMÃO E NI BRISANT NA COOPERIFA: EDITANDO A QUATRO MÃOS laje, exibição gratuita de documentários, boa parte sobre movimentos culturais de periferia, na laje do Zé Batidão, a Chuva de livros, noite em que centenas de livros doados ao sarau são distribuídos gratuitamente aos participantes, e o Sarau nas escolas, que promove encontros entre poetas assíduos na Cooperifa e estudantes da rede pública.

Chamado frequentemente para falar de literatura e ação cultural na periferia em seminários pelo Brasil, Sérgio Vaz comandou saraus na Flip, na Bienal de São Paulo e na Feira do Livro de Buenos Aires. Em 2014, comemorou 25 anos de poesia — sete livros publicados e 8 mil cópias vendidas — espalhando quinhentos lambe-lambes com onze poemas pelos muros da zona sul, em projeto idealizado pela designer Silvana Martins. Mais do que viver de poesia, vive de provar que ela é muito mais do que uma expressão individual. "As pessoas de A a Z entendem o que a gente está fazendo aqui."

— FAZ BARULHO, COOPERIFA

Cooperifa

ESTREANDO

Quando a gente se estreia em alguém
Ainda não sabe como aceitar o outro
Sem se desaceitar
E que o modo como a pessoa
Obedece às segundas-feiras
Muda triunfalmente seu precipício
E você que não tinha malícia nenhuma para entulho
Mas testemunhava o abandono
De todo dia o mesmo dia
Preenchendo o seu vazio...
Começa a destrancar sorrisos
Busca um entardecer sem calendário
Quer inaugurar o infinito
Esquece as dores inacabadas
Percebe que sabiá é mais setembro que nunca
Que as formigas não têm noite
Que a vida é também feita de ciscos
E que as coisas pequenas te deslimitam
Mas, com tudo isso, ainda pré-sente
A necessidade de não se bastar
Pelo simples medo
De que um gosto derrota outro

GLÁUCIA ADRIANI

DEUS QUE ME LIVRE da Rota
Deus que me livre!
Deus que me livre dos caminhos seus

Ó Pai!
Que meus irmãos caminhem sem medo
Que as mães não tenham pesadelos como as de Maio

Que a cor da pele
Que a morada
Que o boné
Não determinem o seu destino

Ó Pai me livra da Rota
Da dor
Do desespero
Da injustiça
Da intolerância
Do racismo
Amém

a gente

RUA
FAZ...
recisa ver

A PELE LEVEMENTE arrepiada
me faz lembrar
diariamente
do teu sexo encostado em mim,
presente

ME FERE A carne
Trêmula
Insólita vontade de esvair-me em gozo

Estanca o caudaloso leite
Ou derrama na minha boca
O teu líquido precioso

BAILA UM CORPO em meio o asfalto

É quase meio-dia e meia
Pessoas gritam!

Mas, o camburão negreiro não para a sua marcha
Não para a sua marcha
Não para a sua marcha
Não para a sua marcha

Homenagem a Claudia da Silva Ferreira

HELIO NERI

SÍTIO

dispara a bala e o
coração, sufocado, dispara
mais veloz ainda
a boca seca, o ar é
seco, o céu subitamente
se modificou, o chão,
onde era o axial,
perdeu seu estado de
segurança, estabilidade
dentro desse rodamoinho
de acontecimentos, as
pernas tremem, o corpo
treme, cego
– não por culpa desse
horizonte, sempre prejudicado
por uma mesquinha e implacável
questão geográfica,
as vielas, as ruas,
os becos, que sempre
foram as saídas,
as emergências
: agora são inúteis,
a assistência, o socorro,
o auxílio dos mais

próximos, da lei de
todos, em nada
resultarão
este clima pesado
que cobre todo o ambiente cria
uma barreira indevassável,
intransponível –
difícil não se cansar
com tudo isso, difícil não
se cansar com a falta de
perspectiva, as incertezas,
as promessas, a fé, a vida – esta
que poderia ser melhor (outra)
lembrar como era antes:
as coisas, os dias,
a vida (sem temor),
o sonho camuflado na
ingenuidade em acreditar
que o perigo não era
tão iminente
deixar as coisas chegarem
a esse ponto, deixar que
o sonho, a esperança, o futuro,
escorressem, se diluíssem
um eco seco cobre uma
tarde de domingo e
transforma tudo de repente

LIVROS

livros levam
à insônia, ou ao pesadelo
febre: corpo castigado
abatido, doente
de efeitos colaterais
confinado a buscas,
a conhecimentos –
passar por entre caminhos
diversos, entremear
abismos de luzes
em caminhos de trevas –
fácil entender a recusa,
dos que procuram evitar
e não se aproximar (jamais) –
não que seja apenas para
poucos (nada disso)
ninguém está imune
difícil (mais ainda), (depois
do vício, de vítima),
manter-se afastado, se livrar,
conseguir lutar contra –
mar turvo e imenso
que olhos alguns
conseguem alcançar
nem abraçar, por completo
(ou todos essas
infinidades de limitações)
: os livros elevam

HÉLIO

labaredas lambem
com intensa voracidade
a luz, o sonho,
desenho do que:
impossível, só pôde
acontecer por conta da
distinta e excelência
generosidade da sua
existência, aquilo que,
travou, buscou ar em
território sem ar
oxigênio negado,
e no entanto, alcançado
fez, ficou
ficaria se não fosse:
– digo, não obra do destino,
acaso, nem do descuido
(apenas),

porque o que permanece,
o que resiste,
mesmo que por um átimo
ou um extenso período
(sem qualquer menção
de justificativa
ou conformismo),
acaba
tal qual qualquer coisa:
sonhos, fortunas,
eu, o Hélio, definitivamente
tudo acaba

FRUSTRAÇÃO ASSÍDUA

me jogo em meu salto
e paro no alto
procuro quem me procura
e me desamparo

parado
eu no ontem
como no hoje
desatualizado

o meu mar
sem bandeira
fugiu
e fui desmarcado

nem de mim
me escapo ao meu descaso
comigo não quer ficar
nem meu fracasso

LUAN LUANDO

DESCOBRIMENTO DO BRASIL

Descobriram o Brasil
Pegamos uma puta gripe
Agora nós vende aspirinas

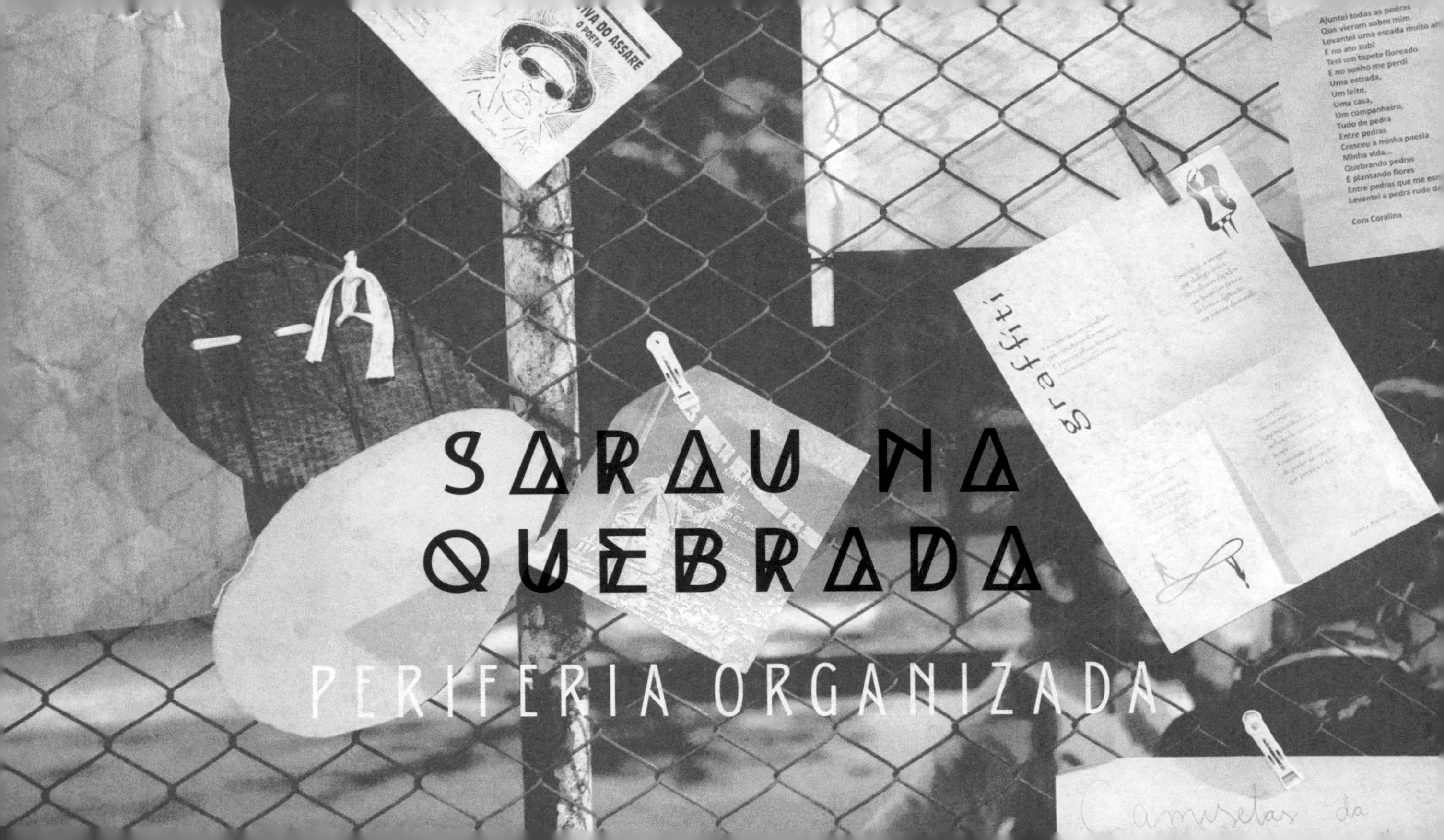
SARAU NA
QUEBRADA
PERIFERIA ORGANIZADA
IVA DO ASSARÉ
O POETA
Ajuntei todas as pedras
Que vieram sobre mim
Levantei uma escada muito alt
E no alto subi
Teci um tapete floreado
E no sonho me perdi
Uma estrada,
Um leito,
Uma casa,
Um companheiro,
Tudo de pedra
Entre pedras
Cresceu a minha poesia
Minha vida...
Quebrando pedras
E plantando flores
Entre pedras que me esm
Levantei a pedra rude d
Cora Coralina
graffiti
Camisetas da

HELIO NERI NO JAMAICA'S, O BAR DO JARDIM SANTO ANDRÉ QUE RECEBE O SARAU: BAIRRO JÁ VIU "MUITA TRETA"

"O microfone tá aberto, pode se apropriar. Todo rebelde é bem-vindo no Sarau na Quebrada." A fala de Neri Silvestre, 46 anos, não deixa dúvida sobre a vocação do encontro que acontece todas as sextas-feiras, há três anos, na periferia de Santo André. Sem sede fixa, o sarau se abriga desde março de 2014 no Jamaica's, boteco avarandado na Estrada do Pedroso, em meio ao comércio do Jardim Santo André. A mesa de sinuca vai para um canto, o microfone é instalado em frente à churrasqueira, as mesas de plástico colam-se às paredes e viram display de livros em lançamento. No espaço que resta, gente de toda a idade e jeito se acotovela: mulheres de visual comportado, gente jovem de alargador na orelha, senhores entrados em anos, bebês de colo.

Os rebeldes atendem prontamente ao chamado. Em forma de poema, rap, canção ou discurso, vão ao microfone falar de maioridade penal, violência contra a mulher, reforma agrária; lembram Emíliano Zapata

PERIFÉRICOS

e Carolina Maria de Jesus; explicam as oportunidades criadas pelo Programa Nacional do Livro e Leitura para quem gosta de ler e de escrever. E batem na Copa do Mundo, que entraria em campo na semana seguinte. “É gol… Esquecem da falta d’água na Cantareira/ É gol… E a demissão dos irmãos metroviários?/ É gol… E os gastos públicos com interesses particulares da Fifa?/ É gol”, provoca o rapper Petrus Sauros, com a imagem de Malcolm X estampada no peito.

O sarau foi criado por um grupo de poetas, músicos e educadores que mantinha, no começo da década, o Ponto de Cultura Mistura e Gingada, ligado à ativa Associação de Moradores local. A ideia era transformar cada bar por onde passasse em um centro cultural. Assim, apesar de dar lugar de honra à poesia, também recebe leituras

SARAU MENSAL DO JARDIM SANTO ANDRÉ TEM POESIA, GRAFITE, MÚSICA E DOCUMENTÁRIOS SOBRE CULTURA E PERIFERIA

SEM CERCA

performáticas, abre espaço para grafiteiros criarem painéis e frequentemente acaba em exibição de filmes, clipes ou documentários, quando não em roda de samba. “A gente pensa o que acontece na periferia com várias linguagens”, diz Neri, que trabalha como comerciário de dia. “Somos periféricos sem cerca.”

TRETA

O bar se chama Jamaica’s; o ônibus que passa em frente, Los Angeles. É a cota de *glamour* que cabe aos moradores do Jardim Santo André. Um dos mais pobres do ABC, o bairro surgiu com os loteamentos residenciais que expandiram a mancha urbana de Santo André a partir do surto de industrialização dos anos 1950. Se a cidade teve um dos doze PIBs mais altos do Brasil em 2011, o bairro periférico ainda enfrenta problemas estruturais graves, com 120 mil pessoas vivendo em assentamentos precários, alguns em áreas sujeitas a desmoronamento. Em 2014, três anos depois de anunciado um investimento de R$400 milhões na urbanização do bairro, mais de 100 famílias removidas de áreas de risco ainda viviam em abrigos provisórios, com teto de zinco e sem esgoto.

Em 2008, o Jardim Santo André foi palco de um caso policial que causou comoção no país. Em outubro, Eloá Pimentel, de 15 anos, foi mantida em cárcere privado por mais de 100 horas, e então assassinada, praticamente em frente às câmeras de televisão, pelo namorado, Lindemberg Fernandes Alves. Não foi um caso isolado de violência. “O bairro teve tempos críticos, de muita treta, crime, justiçamentos”, lembra Helio Neri, cabeleireiro no bairro vizinho do Jardim dos Vianas, poeta com sete livros publicados e sócio-fundador do Sarau na Quebrada. “Lembro de um dia em que a

OS ORGANIZADORES GLÁUCIA ADRIANI E NERI SILVESTRE: "FICAMOS PENSANDO NO QUE PODERÍAMOS FAZER PELA COMUNIDADE"

Associação de Moradores teve de fazer seis velórios."

O desejo de fazer algo pelo bairro é o que move a educadora paraense Gláucia Adriani, da linha de frente do sarau. "O Jardim Santo André é um dos maiores bairros da cidade e tem um dos menores índices de desenvolvimento humano", diz. Com 39 anos, vivendo em Santo André desde os 17, ela é formada em letras e trabalha na ONG Casa de Lucas, que atende crianças e adolescentes em situação de risco social. "Ficamos pensando no que poderíamos fazer pela comunidade, em como devolver, aqui, algo do que aprendemos", diz. A ideia do evento cultural responde a uma carência menos explicitada. "Nunca vem nada para cá, a não ser uma ideia catequizadora de que a gente não tem cultura."

GRITO DE GUERRA

Da cozinha do Jamaica's, saem caldinho de feijão, croquete de carne, cerveja geladíssima. Numa parede, pendurado, um lembrete aos bons modos: "Proibido entrar sem camisa". Em outra, um possível lema do sarau: "De poeta ou louco, todo mundo tem um pouco". Em um cesto de palha, edições populares de Manuel Bandeira, Vinicius de Moraes e Lima Barreto esperam por algum curioso que queira levá-las para casa. De graça. Varais improvisados expõem a nova edição do Zine na Quebrada, publicação em papel A4 que antecipa temas, anuncia lançamentos, reproduz poemas. De vez em quando, em meio às participações, alguém grita: "Sarau na Quebrada!". "Periferia organizada!", responde o público, do alto dos pulmões.

Entre temas sociais e políticos, vira e mexe vem um momento de metalinguagem. O rapper Petrus se apresenta: "Escrevi uns garranchos e tenho a cara de pau de vir aqui falar/ (...) Sabe o nome desse troço?/ Acreditar que eu posso". No documentário que encerra o sarau, o poeta recifense João Cláudio Flávio Cordeiro da Silva, conhecido como Miró, se define: "Sou preto, pobre, poeta e periférico". O público se espalha pela calçada, mas não arreda pé. "É interessante ver o bar virando ponto de cultura", diz Tales Jaloretto,

QUEB

MARCIA LIMA NO JAMAICA'S: COMO PETRUS E NEGO DABES, ESCOLHENDO O RAP COMO LINGUAGEM ator e jornalista. "É outro jeito de ocupar a cidade, que não enchendo a cara e se drogando".

Para Omina Dabes de Jesus Santos, 36 anos, o sarau foi mais. Na Quebrada, ele se firmou como rapper, carreira que engatara há tempo — foi um dos criadores da batalha de MCs do Jardim Santo André, em 2002 —, mas que estava a ponto de abandonar. "Tava quase desistindo da luta cultural quando eles me chamaram e reacenderam a chama", diz. O nome de batismo, presente do pai, pedreiro e adventista do 7º dia que se encantou com a história bíblica do rei Aminadabe, ficou para trás. Ele agora atende por Nego Dabes e faz rimas incitando a "molecada" a fugir do crime e buscar diversão no hip hop. Servente e estudante de geografia na Fundação Santo André, diz que tira inspiração da adversidade. "É nos momentos mais neuróticos que saem as poesias."

BALADA LITERÁRIA

"Até então nunca tinha encontrado uma balada que gostasse realmente", confessa a advogada Larissa Germano, 37 anos. Longas pernas, cabelo encaracolado, ela frequenta a Quebrada assiduamente. "Sinto que é um lugar onde sou aceita e ouvida", diz. "E posso ouvir as pessoas. Dessas reivindicações fortes, muita coisa eu não conheceria se não viesse aqui." Filha de professores do Estado, sempre gostou de ler e escreve desde o Fundamental. Depois de alguns saraus, tomou coragem para compartilhar seus poemas no microfone. Um pouco mais e passaria a publicar textos em blogs e outras páginas na internet.

Em junho, Larissa foi à Quebrada promover sua primeira coletânea de poemas, *Cinzas e cheiros*, a qual assina como Lári Germano. Fez o livro em esquema de produção independente: gastou R$3 mil para imprimir 200 exemplares, que vende por R$25 cada um. Seu sonho? "Morar em Paris e ganhar a vida escrevendo". Até lá, vai dando expediente como assistente jurídica na Vara Criminal de Santo André. "No fórum, vejo aspectos da realidade que me entristecem, como a criminalidade. No sarau, vejo o outro lado, o social. O contraste me faz bem."

REBELDES VEGANOS

"Zapata vive", avisa um cartaz na entrada do Jamaica's. Com meio sarau andado, o rebelde mexicano Emiliano Zapata (1879-1919) faz, de fato, sua aparição. Em uma performance que silencia o bar, seis encapuzados declamam o Manifesto Zapatista, de 1993. "Nossa luta é por um teto digno, e o mau governo destrói nossa casa e nossa história./ Nossa luta é pelo saber, e o mau governo distribui ignorância e desprezo./ Nossa luta é pela terra, e o mau governo oferece cemitérios", diz um trecho do longo texto. "Teto, terra, trabalho, pão, saúde, educação, independência, democracia, liberdade/ Estas foram nossas demandas na larga noite dos 500 anos/ Estas são, hoje, nossas exigências."

Se o manifesto segue fazendo sentido, a indumentária agrega novas referências. Mascarados para lembrar os soldados do Exército Zapatista de Libertação Nacional, que desafiou o governo mexicano ao tomar a província de Chiapas, em 1993, os seis mais parecem black blocs. Por baixo dos lenços, são jovens de 20 a 30 anos que frequentam os cursos de línguas da Casa da Lagartixa Preta Malagueña Salerosa, um espaço autônomo em Santo André gerido desde 2004 pelo grupo Ativismo ABC.

"É um espaço de práticas libertárias que visam a horizontalidade", explica G., 24 anos, que integra o coletivo e trabalha na construção civil como encarregado de obras. "São práticas como a reciprocidade, que não colaboram para o crescimento do capitalismo." Os cursos de língua são exemplo de distribuição de conhecimento: quem sabe, ensina; em troca, quem aprende ensina algo mais ou ajuda em mutirões de reforma e limpeza.

A Casa oferece grupos de estudo de outros assuntos,

PAULO UZANDER (ABAIXO) E LARISSA GERMANO (À ESQ.), ADVOGADA QUE VIROU POETA: "NO SARAU, SOU ACEITA E OUVIDA"

TRETA

como políticas ameríndias e comunicação não-violenta, além de oficinas de arte e anarquia e shows punks; também tem biblioteca e horta coletiva regada com água de chuva. O aluguel é pago com um rodízio mensal de pizzas veganas, feitas com "mandioqueijo", imitação de queijo à base de mandioca. O ingresso custa R$15. "A ideia é construir outro mundo possível", diz o site do grupo. "Lado a lado a outros grupos e espaços, sejam eles anarquistas, camponeses, moradores do bairro e qualquer outro e outra que acredita ser necessária uma mudança social mais profunda."

UM GRUPO DE ENCAPUZADOS LÊ O MANIFESTO ZAPATISTA, DE 1993, ANTES QUE A NOITE ACABE EM VÍDEO E SAMBA

ÁGORA PERDIDA

Em abril, o Sarau na Quebrada recebeu uma visita ilustre: Dalila Teles Veras, dona do Alpharrabio, sebo, editora e espaço cultural que funciona há mais de 20 anos e é referência para quem gosta de poesia e literatura em Santo André. Com 200 livros publicados, 98% deles de autores do ABC, o espaço no Jardim Bela Vista promove lançamentos, leituras, exposições e oficinas semanais, além de sediar, desde 2007, o Fórum Permanente de Debates Culturais, grupo sem vínculo com governo ou instituição que discute políticas públicas para a cultura.

Verão
100%
pede uma
cerveja
CERVEJA
TAIPAV
COMPRE
AQUI!

Portuguesa radicada no Brasil desde 1957, Dalila é editora de poetas do sarau, como Helio Neri, que fez seu rito de passagem nos encontros do Alpharrabio e publicou pela casa os livros *Anomalia* (2007) e *Palavra insubordinada* (2011). Na Quebrada, ela leu poemas dos portugueses Manuel Alegre e Sophia de Mello Breyner Andresen, que descreveu como exemplos de resistência à longa ditadura portuguesa. Era 25 de abril, aniversário da Revolução dos Cravos. "A poesia", disse ao público, "é um código que os censores e ditadores raramente entendem".

Foi sua estreia nos saraus da periferia, fenômeno que vem observando há algum tempo. "Quando eu tinha 30 anos, na época da geração mimeógrafo ou marginal da poesia, sarau estava ligado a algo muito elitista, ambientes fechados, pianinho, versos de amor", lembra. "Agora o termo ressurge no sentido semântico mais estrito, que é reunir várias manifestações culturais."

PARA A EDITORA DALILA VERAS, SARAU É A "ÁGORA PERDIDA": "O CERNE NÃO É A POESIA, MAS O ENCONTRO"

Ainda que ache louvável "tudo que vem em prol de promover a poesia", ela não acredita que a movimentação em torno dos saraus tenha, de fato, o poder de aprimorar o gênero. "O cerne do sarau não é a poesia, mas a necessidade da troca, do encontro, da discussão de assuntos prementes. Há um forte componente social." A motivação comum aos frequentadores do sarau, nesse sentido, não seria ouvir poesia, mas recuperar "a ágora perdida". "Perdemos a rua, a praça, o lugar de convívio", diz Dalila. "Os espaços públicos são fechados e cheios de regras. O que

A POESIA É

chamo de rua é um lugar sem regras fechadas, sem guarda na porta." Empenhada em articular conexões entre a Quebrada e outros saraus, organizações e instituições, como o Sesc Santo André, onde o grupo já fez algumas oficinas de poesia, Gláucia concorda. "Os gestores culturais ainda têm aquele ranço de belas-artes, são cheios de dedos, não pode falar palavrão, não pode isso, não pode aquilo. Queremos fazer nossas coisas do nosso jeito." Além de alianças, o grupo busca recursos em editais e leis de incentivo. "Esse legado não é nosso, tem que ser multiplicado", diz Gláucia. Em sua própria vida, o efeito é grandioso. "O Sarau na Quebrada mudou tudo. Você se sente mais feliz; é como se as coisas pudessem se ampliar. A luta é diferente, você não está mais sozinho."

UM CÓDIGO

cada
450ml
BEBA COM MODERAÇÃO.
VENDA E CONSUMO PROIBIDOS PARA MENORES DE 18 ANOS.

TANTAS TERRAS no Brasil
Tantos latifúndios

Tanta comida no Brasil
Tanta fome

Tanta água no Brasil
Tanta seca

Tanta riqueza no Brasil
Tanta miséria

Tanta gente no Brasil
Tanta solidão

Tanta escola no Brasil
Tantos analfabetos

De tantos em tantos
Vamos sobrevivendo
Só não sei até quando

QUER SABER DO MEU POVO?

Quer saber do meu povo?
Não vai não, não vai não.
Quer saber do meu povo?
Documento é palavra,
Olha no focinho, na bola zoio sem tirar ninguém
Senão vai cedo pro além.
O meu é o mais velho
Que pode contar as nossas histórias
Do jeitim que gente é
Nós gingamos na cadência, na malemolência
Com navalha no pé.
Aqui não tem boi pra safado e pilantra, atrasa favela
Quando você pisa nela
Seu proceder é que conta
A chave pra qualquer terreiro
É humildade no sapatim,
Só não vai pra grupo com neguim.
Quer saber do meu povo?
Não vai não, não vai não.

ALICATE

Pra toda terra arada
Existe uma enxada
Pra todo território desocupado
Existe um cercado
E pra todo cercado
Existe um ALICATE

SER POETA

se eu for para o céu
quero ser arcanjo
se eu for para o inferno
quero ser demônio
se eu ficar no céu
quero ser Deus
se eu ficar no inferno
quero ser o diabo
mas se eu continuar na Terra
quero continuar sendo
poeta

LUIZA ROMÃO

CORAÇÃO DE FRANGO

e o coração,
quanto pesa?
perguntou ela,
moça magrela
de expostas costelas,
ao homem bigodudo
detrás do balcão.

depende,
de boi ou de frango?

intrigada
não entendeu,
pois era do dela
que tratava.

sabia que pouco valia,
era carne fraca
sangue de anemia
que batia mais por inércia,
do que por serventia.

na verdade,
queria fazer uma barganha,
trocar seu coração
por, quem sabe,
um naco de picanha.

o homem não estranhou a proposta
da moça de costelas expostas.
era a terceira vez
que vinham lhe oferecer
aquele estranho produto
já conhecidamente sem uso.

mas por pena ou caridade
lhe ofereceu em troca
duas asas de frango.
o que era muito,
comparado ao seu tamanho.

faminta,
aceitou sem demora.
lambuzou-se com as asas alheias,
visto que ela,
bicho terreno,
não conhecia tais atrevimentos.

até hoje não se sabe:
se foi a gordura espessa
ou a carne fibrosa
(tão desconhecidas a seu corpo de menina)
que lhe causaram alucinação.

fato é que
munida da carcaça das duas asas,
uma em cada mão,

acreditou-se ave,
ave maria,
e do parapeito da janela,
estufou o peito externo.
de um só golpe
sentiu o corpo leve.

o voo foi breve.
o baque, surdo.
a carne mole,
moída na calçada,
parecia que indagava:

e meu corpo,
quanto vale?

COQUETEL *MOTOLOVE*

para Mayra Coelho

tão mais humana seria a política
se ao invés de manifestos
fizéssemos manifestas
o corpo infesta
quando vários,
são vírus,
antissistema
imunológico ou capitalista

a revolução não será televisionada
será dançada
suor também é combustível
molotov feito de saliva
moto*loveyou, baby*
depois dos prédios,
nos incendiaremos por completo

me queriam dócil coluna ereta
disciplinada
manequim tamanho PPP
pequena pacata passiva

mas capoeira mandou avisar
que samba também é luta
o corpo que gira

prepara sua fuga
pulsa pulsa pulsa
expulsa seus grilhões
o pé marca resistência
dançar até não ter mais sola
solo não sei
dançar
sou coletiva
faço do desejo proteção e armadura:
coração-bomba
contra catracas
e couraças

as ruas estão à espera
do confronto
do meu corpo
com seu corpo
festejaremos o enterro da apatia
o batismo do novo mundo nosso
erotismo também é arma de protesto
porque um corpo sem desejo
está morto
e um corpo que deseja a morte
é a própria revolução

VIRGEM

este texto é um parto: há (tem me soa melhor)
a dor do que parte, do que fica, do que nasce

ser virgem
está muito além de um hímen
da palavra ser ou não ter hífen
é matéria-prima
barro úmido
húmus:
human woman women

homem,
eu não nasci da sua costela
vim ao mundo pelas mãos
de alguma obstetra
filha de mãe mulher donzela
não a bela-pequena-aurora-adormecida-sereia-de-
-chapéu-vermelho,
não
sou filha da outra:
a que tem suor, sangue e leite
a que labuta com dois filhos nas costas
e um no peito

tornar-se mulher
pela perfuração de um falo?
falácia
habito meu próprio corpo

falho
que fala e convalesce
sob as súplicas
de outra prece:
não à nossa-senhora-mãe-gentil-virgem-imaculada,
não
mas à padroeira das putas
das histéricas
e tresloucadas
das mulheres-Medeia
e das Clitemnestras
das malditas
e revolucionárias
Rosas Marias Joanas Zuzus Pagus Fridas
sofridas e incansáveis

meninas em gestação
de ser mulher
meninas que sangram
mês a mês
possibilidades de si
que abortam o que não teve lugar
o que não pode ser
meninas em gestação
mulheres em gesto
e ação

não colocarei o pau na mesa
se você vem com

"porra, porrada, caralho"
mostro meus peitos abertos
meus seios e anseios fartos
dessa gramática de barbárie

porque o ser mulher
está muito além de um artigo feminino
definido ou indefinido
muito além,
de um artigo feminino
em liquidação numa loja barata de cosméticos
de um artigo feminino
publicado na página 5 das novas, cláudias,
caprichos, tititis
está além dos artigos
da lei Maria da Penha
[de qualquer lei de direitos humanos universais]

porque o ser mulher
está além do artigo
está no sujeito:
que não se sujeita
que age, atua,
direto, intransitivo

está no sujeito,
independente
de gênero, número
e grau

RELAÇÃO ANUAL DE INFORMAÇÕES SOCIAIS - RAIS
REPÚBLICA FEDERATIVA DO BRASIL
CADASTRO NACIONAL DA PESSOA JURÍDICA
COMPROVANTE DE INSCRIÇÃO E DE SITUAÇÃO CADASTRAL
ÃO SOU BEM VINDO
SALGADINHOS
100 REAIS
TORRESMO
100
100
100
ão da Amizade
ue as pulgas de mil
camelos infestem
o cu daquele que
CERVEJA como são as coisas, você não sabe de onde VINHO, por isso não me CAMPARI, com

SARAU DO BINHO

MÚSICA, POESIA E FRUTA

É domingo e um vento gelado atravessa a praça do Campo Limpo, como é mais conhecida a praça João Tadeu Priolli. Aqui e ali, sob grandes árvores, um skatista manobra no cimento, uma família endomingada compra algodão-doce, alguém faz cooper. Em torno de mesinhas fixas de piquenique, uma trupe fiel de gatos-pingados espera pacientemente.

O Sarau do Binho devia começar às 17h, mas o frio encolheu o quórum e a organização dá mais um tempo. Mexendo-se para lá e para cá, Robson Padial, o Binho, comanda a armação do "circo": microfone, som, caixas e um varal onde as camisetas coloridas do sarau, com poemas curtos nas costas, estão à venda. Então desaparece e volta carregado de bananas, abacaxis e mexericas, que são espalhadas sobre as mesas. Abre enfim os trabalhos com "Taboão/ Campo Limpo", poema sobre as mudanças do bairro desde sua infância, nos anos 1960. "A cidade cresce. O muro cresce. Vieram os prédios, as delegacias, os puteiros. E as Casas Bahia." Antes de anunciar atrações e passar a palavra, sintetiza: "Sarau do Binho é isso aí: música, poesia e fruta".

O encontro que anima mensalmente o frio da praça — ajudando, com sua vasta fama, a consolidar a imagem de um espaço público diferenciado na periferia, com WI-FI grátis, pistas de skate e corrida, programação cultural e esportiva e policiamento regular — é apenas um dos formatos atuais de uma instituição chamada Sarau do

SARAU DO BINHO NA PRAÇA DO CAMPO LIMPO: BAR QUE SEDIAVA O ENCONTRO DESDE OS ANOS 1990 FOI FECHADO EM 2012

SARAU do Binho

Binho. A rigor, o primeiro sarau periférico de poesia a surgir na cidade, o evento derivou da Noite da vela, balada movida a bolachas de vinil que Binho, agitador cultural de nascença, mantinha em seu bar no Campo Limpo por volta de 1996. "Um dia, enquanto um trocava o disco, alguém recitou um poema", ele conta. A poesia foi se incorporando à festa e tomando o espaço da música, ainda que muito lentamente. "Pelo teor etílico das pessoas que frequentavam, no começo elas nem notavam o poema", lembra.

Dez anos depois, o encontro já era semanal, acontecia em torno de um microfone e tinha como alimento a produção local — de música, poesia e crítica social. Foi preciso uma visita de Sérgio Vaz, criador da Cooperifa, para que se descobrisse seu estatuto. "Isso aqui é um sarau", ele teria dito. Em sete anos de intensa atividade, pontuados por ações de intervenção urbana, como a Apostesia (placas de trânsito ou cartazes de políticos eram surrupiados e devolvidos às ruas com poemas) e a Bicicloteca (biblioteca ambulante que doava e emprestava livros, pilotada por Binho), o encontro de Campo Limpo atrairia público constante, convites para participar de eventos literários pela cidade, estudantes estrangeiros interessados em pesquisá-lo, espaços na mídia. Em 2012, um fiscal da prefeitura acabaria com a festa: sem alvará, o bar foi fechado e multado pesadamente. Para Binho, a burocracia era pretexto. "Foi perseguição política. Com o microfone aberto, a gente fica visado."

O CAPITAL

A estudante de psicologia Natalia de Souza Machado

UMA ANDORINHA SÓ
NÃO FAZ VERÃO
MAS PODE ACORDAR
O BANDO TODO

BINHO

COM O MICRO

dos Reis, de 19 anos, veio de Taboão da Serra para ver o Sarau do Binho, que descobriu pela internet, e emendar um show gratuito da cirandeira pernambucana Lia de Itamaracá no Sesc Campo Limpo. "Gosto de poesia, mas de uma poesia mais solta, que dialoga com a nossa realidade", explica. A tarde é pródiga em ambos. Com o estandarte do sarau, que chegou atrasado, enfim a postos, alguém tenta descrever a própria mente sob o impacto da inspiração: "A cabeça do poeta é como o filme *Twister*! Tem vaca voando, tampa de bueiro". O rapper Gusmão desdenha: "Se seu destaque é o tênis, a roupa que você veste, você está bem, você é uma embalagem". Uma rima ameaçadora soa: "Alô, *socialite*/ Vou invadir sua *night*".

Já é noite quando um homenzarrão, sentado em um banquinho, toca uma base suingada no violão enquanto narra, com voz de veludo e ótimo *timing*, um longo diálogo telefônico. Na história, real ou absolutamente verossímil, um gerente de banco liga para sua casa e lhe oferece crédito para pagar a dívida que contraiu usando créditos disponibilizados anteriormente pelo mesmo banco. Citando de Karl Marx a Adam Smith, o artista vai testando, expondo

e desmontando a lógica do consumo e do endividamento; no fim, conclui: "Devo, logo existo". E acrescenta: "Para pensar".

Wagner de Souza Oliveira, 45 anos, é mais conhecido como Wagnão, e merecidamente. São 110 kg distribuídos por 1,94 m de altura, que deixam seu violão com jeito de cavaquinho. Assíduo no Sarau do Binho desde o tempo da Apostesia, faz sucesso com versões de favoritas nacionais, como "Gostava tanto de você", de Tim Maia, mas também com os monólogos muito particulares em que reflete sobre assuntos do dia a dia e manda seu recado. No segundo do dia, encerra sugerindo: "Vamos ser diferentes para que o mundo seja diferente". "Todas as pessoas nascem artistas, mas com o tempo vamos perdendo isso", diz, sobre a importância do sarau. "É nossa grande celebração, nossa grande chance de fazer, mostrar, de poder ser uma mudança eterna na vida das pessoas."

COMUNIDADE

Um dos distritos mais populosos da cidade, o Campo Limpo, na zona sul, é também um exemplo de suas desigualdades. Tem origem nos loteamentos que se espalharam ao longo da

LUAN LUANDO (À ESQ.) E OS RAPPERS POW LITERA-RUA E FORMIGA NA PRAÇA: SARAU ATRAI GENTE INTERESSADA NA "POESIA QUE DIALOGA COM A REALIDADE"

Estrada do Campo Limpo a partir do final dos anos 1930. Nas décadas seguintes, atrairia imigrantes japoneses, italianos e portugueses, além de migrantes pobres do interior do Estado e de outras regiões do país, sobretudo nos anos 1960 e 1970. Na urbanização desordenada, misturam-se conjuntos habitacionais, condomínios verticais de classe média e muitas favelas. Na região abraçada pela subprefeitura de Campo Limpo, que inclui os distritos de Capão Redondo e Vila Andrade, elas são mais de 200 e abrigam um terço dos quase 700 mil moradores. A maior é o Complexo de Paraisópolis, que ocupa um milhão de metros quadrados e viu sua população pular, nos últimos dez anos, de 30 mil para 80 mil pessoas.

A violência e a insegurança são recorrentes nas áreas sem urbanização, também sujeitas às enchentes do Córrego Pirajuçara. O desemprego e o rendimento médio baixo marcam a vida no bairro. Divulgado em 2013, o estudo *Mapa da desigualdade*, da Rede Nossa São Paulo,[1] que analisa indicadores de desenvolvimento social, cultural e humano, lista o Campo Limpo entre os cinco

1 Rede independente de organizações da sociedade civil criada em 2010 para propor e realizar ações voltadas para o desenvolvimento sustentável da cidade, em áreas como educação e cultura.

distritos da cidade com pior qualidade de vida. O estudo registra um índice de violência de 16,93 mortes por homicídio por 100 mil pessoas, a maioria entre 15 e 29 anos.

A população, que reclama da falta de políticas públicas para o distrito, é pioneira em organizações comunitárias. Em 2014, a União Popular das Mulheres — rede de entidades, instituições, coletivos e pessoas que trabalham por melhorias sociais na região — completou 27 anos. O Centro Cultural Monte Azul, fundado

DANIEL TERRI FAZ RIMA ENQUANTO A NOITE CAI NO CAMPO LIMPO: BAIRRO TEM TRADIÇÃO EM ORGANIZAÇÃO COMUNITÁRIA

FICA VISADO

em 1979 no Jardim Monte Azul, é conhecido pelas ações nos campos de educação, saúde, desenvolvimento social e cultural, que beneficiam 12 mil pessoas. Recentemente, o bairro ganhou a Agência Popular Solano Trindade, que tem como meta fomentar e fortalecer a economia criativa local, incentivando a produção e a difusão de cultura e criando formas de organização autossustentáveis, como um sistema de troca de serviços culturais que não envolve dinheiro.

VIZINHANÇA

Bakunin é um poodle gigante; Menina, uma vira-lata. Educados, não latem, não mordem e não ameaçam ninguém no sarau. Ficam no pé da dona, Nadir Cherubini, quietinhos. Atriz, 57 anos, ela tem 14 filmes no currículo, parte como figurante. "Meus fãs morreram de overdose", brinca. Gosta de declamar poemas no sarau — de Fernando Pessoa a Rubem Braga — mas jamais compartilha os seus. "Para que torturar os outros com o que escrevo? É um comportamento comum das pessoas obrigar as outras a ouvir o que escrevem", reclama. E faz críticas à qualidade do que é apresentado no evento: "Há muita coisa boa, mas muita gente fica num samba de uma nota só que desanima qualquer um."

Nadir é frequentadora do Espaço Cultural CITA, que ocupa uma casa cedida pela prefeitura na praça, ao lado do Centro de Educação Infantil Olga Benário Prestes. Além de oficinas de teatro e atividades infantis, o espaço sedia o FestCal — Festival Nacional de Teatro do Campo Limpo, que chegou

NADIR CHERUBINI SÓ RECITA CLÁSSICOS. "PARA QUE TORTURAR OS OUTROS COM O QUE ESCREVO?"

à nona edição em 2014 com espetáculos de vários estados brasileiros, oficinas e debates. Até o começo do ano, a sigla do nome designava Centro de Investigação Teatral Artemanha; com a saída de parte do grupo, passou a significar Cantinho de Integração de Todas as Artes. Além da trupe teatral Bando Trapos, o espaço agrega outros trabalhos sociais, como a Escola de Notícias, escola de comunicação comunitária, e o Sarau do Binho.

A Brechoteca, que promove vendas e trocas de roupas e objetos usados no esquema "pague o que puder", é uma das iniciativas agregadas ao CITA. Por trás dela, está Mara Esteves, que participa do sarau lendo um poema de Marcelino Freire. Aos 30 anos, ela "largou tudo", incluindo um emprego no comércio, para "trabalhar com arte". "Estou ganhando três vezes menos, mas valeu a pena", diz. Na página do CITA, o troca-troca de roupas é anunciado como forma de "fortalecer projetos e iniciativas do bem" e "gente que se preocupa com um mundo mais humano e cuidadoso". Mas o discurso tem sido insuficiente para alavancar o negócio. "Na periferia, brechó não vende", constata Mara.

O MURO CRESCE

HORTIFRÚTI CULTURAL

O baque do fechamento do bar que abrigava o sarau teve lá sua contrapartida. "Descobri que não estava sozinho", conta Binho. De fato: a primeira antologia poética do evento, lançada em 2013, reúne nada menos que 179 autores. O livro estava entre as recompensas oferecidas a quem se dispusesse a investir no futuro do sarau. No programa de *crowdfunding* criado para saldar as dívidas do bar, que chegavam a R$8 mil, os benefícios iam de uma menção ao nome do investidor no blog do Binho (R$10) ao sarau, ele mesmo: quem colaborasse com R$2 mil ou mais ganhava o direito de receber uma sessão exclusiva do evento, em sua casa ou onde preferisse. Em 60 dias, a campanha arrecadou R$25 mil.

Nesse ínterim, avançando pela linha de menor resistência, Binho explorava a perspectiva de fazer do sarau um evento itinerante, usando seu peso para "fortalecer" iniciativas menos conhecidas. Desde então, a roda de poesia, música (e, às vezes, frutas) já aconteceu na Biblioteca Marcos Rey, no Campo Limpo, em unidades do Sesc em Pinheiros e no Ipiranga, além de Sorocaba, e até no Museo Universitario del Chopo, no México, onde Binho esteve em 2014, convidado para representar o movimento literário periférico brasileiro na Feira Internacional do Livro de Zócalo, ao lado de poetas como Ferréz, Allan da Rosa e Michel Yakini.

Entre idas e vindas, o sarau mantém duas datas fixas: as noites de segunda, no Espaço Clariô de Teatro, sede do

CONSCIEN

WAGNER DE SOUZA OLIVEIRA, O WAGNÃO, E SUA PENSATA SUINGADA: DEVO, LOGO EXISTO grupo homônimo em Taboão da Serra; e o último domingo do mês, na praça do Campo Limpo. No sarau no espaço público, Binho aproveita a frequência eclética, que inclui curiosos de passagem pela praça, para ampliar o discurso e abordar temas do dia a dia. "Açúcar e farinha são um perigo", adverte, em uma fala que abre fogo contra os alimentos industrializados e seu apelo. "Fomos viciados nessas porcarias."

É exatamente esse tipo de toque que faz Ilka Arão, 55 anos, sair de sua casa, em Santana, na zona norte, para acompanhar o sarau. "Aqui, você manifesta sua verdade, suas críticas. É onde você para pra observar a realidade das coisas", diz. Ex-funcionária de uma companhia telefônica, ela largou o serviço depois de concluir que "trabalho só enriquece os outros". Hoje vive do aluguel de um imóvel e frequenta aulas de teatro e tear no Sacolão das Artes, antigo hortifrúti no Parque Santo Antônio que uma série de coletivos culturais e lideranças comunitárias ocuparam em 2007, depois que ficou vazio. "Às vezes essa realidade está te levando para o buraco e você nem percebe", conclui. "Então, para mim, sarau é tipo uma conscientização."

TIZAÇÃO

Em pé:
Nene
Gamarra
Rincon
Vampeta
Mauricio
Silvinho
PAU
23º TÍTULO
HOJE NÃO
FIADO PO
CAIU O SIS
BRAHMA
OU
SKOL
6,00 R$
Seja Bem-Vin
Mas, POR FAV
NÃO PEÇA
FIAD
EDUQUEM A
CRIANÇAS PARA
NÃO PUNIR OS
AHMA
KOL
Calendário e Dis

MARCIA LIMA

A PAZ

A paz bate na porta
No peito de quem já a vista morta
Os corações despedaçados
Az vozes presas encurraladas
Eu já tentei ver a paz
Ela corre longe veloz
É tanta dor!!
Que até ela sofre com o terror
Vem que vem! Vem!
Espera contempla um trabalhador
Por um minuto para aliviar o sofredor
OPA!! Aqui não tem coitado
Tem luta, rapaz, e direitos violados
Eu tô com a paz
Só que ela não tá comigo
O ventre ainda não foi livre
E a solidão é inimiga
Solta o grito!
Espera volta aqui paz
Mesmo morta
Espera volta aqui paz
Enxuga as lágrimas
Espera volta aqui paz
Leva os prantos
Espera volta aqui paz
Me dá esse direito
Espera volta aqui paz

Me dá a chance de sentir o beijo
Espera volta aqui paz
Extrassala meu peito
Espera volta aqui paz
Toca-me para pelo menos eu sentir o desejo

A MENINA

Tensão
A menina perdida na ilusão
O que sobra é o desprezo da multidão
Em São Paulo, pelas ruas essa, a cena
Várias vidas caminhando sem vida plena
E a caminhada é triste envolvente
Na cidade de pedras o nada é gente
Passa despercebido vai caminhando
As pessoas vão se desviando
O tempo voa todos com pressa
Assim seguindo depressa
Não resta tempo
Voa que voa passatempo
Por mim vai passando o vulto
Todos os dias crianças adultos
Oculto insulto tumulto
Pelos caminhos desta cidade
Todos em choque calamidade
A violência e amor lado a lado
Armados, a paz e a guerra fuzilados
Ela vai andando
Sem endereço trilhado
Livre de apegos corrompidos
Sem herança ou parente queridos
O cenário não é agradável
Os direitos de cidadão aqui ilimitável
Oh!! Cidade que desperta sonhos

Pelas ruas de cimento, povo tristonho
Tensão, a menina perdida na ilusão
O que sobra é o desprezo da multidão
Em São Paulo, pelas ruas, essa a cena
E a caminhada é triste envolvente
Na cidade de pedras o nada é gente
Por onde se anda os muros são intensos
E as grades nos pressionam é tenso
A menina mulher sem identidade
Perante as ruas mantém sua integridade
Já não sabe aonde quer chegar
Mas carrega sentimento de amar
E a caminhada é triste envolvente
Na cidade de pedras o nada é gente

MICHEL YAKINI

PRECE

ave verso do avesso!
faça da lage a vista além de blocos,
bendito o giro que lavra na palavra
que a noite seja como as matas do seu dia
e o batuque anuncie o ar da graça

vem com fôlego de pipa mandada
rachaduras, rachas duros, escapulindo letras

verborragia em silêncio
páginas pimentas,
ferve no lombo da cegueira,
verte mares em mandacarus,
afaga a sede das memórias

por mais onde for,
a poesia como flor,
e o poeta semeia pólen,
coloca doce na saliva,
ferrão na tiração,
se esparrama em nosso mundo
e beija a boca da vida.

era ele e ela o sorriso a esperança o encanto a terra a enxada o poço o sonh
era ele e ela a esperança o encanto a terra a enxada o poço o sol o suor
era ele e ela o encanto a terra a enxada o poço o sol o suor
era ele e ela a terra a enxada o poço o sol o suor a fome
era ele e ela a terra o poço o sol o suor a fome
era ele e ela o poço o sol o suor a fome
era ele o tempo o poço o suor a fome
era ele o tempo o poço a fome
era ele o desencanto o poço
era ele e o cansaço
ele e o desespero
era ele o fundo
do poço
e só
...

SEREIA

arabô ayô!
arabô ayô!
odò ìyá rainha!
tu que és musa
soberana dos poetas

embala toda essa gente
que faz terreiro no seu quintal
e clama proteção
em barquinhos de esperança

agita tua imensidão
em ventos salgados
e maré de bom agrado

para a brisa do teu cheiro
espalhar chuvas
de pipoca e canjica
no seu grande dia

RODRIGO CIRÍACO

BIQUEIRA LITERÁRIA

Vendo pó
Vendo pó...
Vendo pó...esia!

Vendo pó
Vendo pó...
Vendo pó...esia!

Tem papel de 10
Papel de 15, papel de 20

Com dedicatória do autor
Ainda vivo
Promete morrer cedo
Só pra valorizar a obra

Aliás, você:
Gosta de autores vivos
Ou nem dos mortos?

Vâmo lá, vâmo lá
Na minha mão é mais barato!

Prometo que vai
Com dedicatória e orelha
Calma: a do autor, não a alheia

Na nossa biqueira literária
Pó...esia é prato farto, mesa cheia

Deixar os malucos chapados
É nosso barato

Vendo pó
Vendo pó...
Vendo pó...esia

DO PÓ

(ORDEM FÊNIX)

NO MEIO DO CA

crack crack crack crack crack crack cra
crack crack crack crack crack crack crack cra
crack crack crack crack crack crack crack crack
crack crack crack ck crack crack
crack crack crack ck crack crack
crack crack crack ck crack crack
crack crack crack ck crack crack
crack crack crack ck crack crack
crack crack crack crack crack crack crack cra
crack crack crack crack crack crack crack
crack crack crack crack crack crack
crack crack crack cra
crack crack crack cra
crack crack crack cra
crack crack crack cra
crack crack crack cra
crack crack crack cra

crack crack crack crack crack crack crack crack
crack crack crack crack crack crack crack crack
crack crack crack crack crack crack crack crack
crack crack crack crack
crack crack crack
crack crack crack
crack crack crack crack
crack crack crack crack crack crack crack crack
crack crack crack crack crack crack crack crack
crack crack crack crack crack crack crack crack
crack crack crack crack
crack crack crack
crack crack crack
crack crack crack crack
crack crack crack crack crack crack crack crack
crack crack crack crack crack crack crack crack
crack crack crack crack crack crack crack crack

crack crack c
crack crack c
crack crack c
crack crack c
crack crack c
crack crack c
crack crack c
crack crack c
crack crack c
crack crack c
crack crack c
crack crack c
crack crack c
crack crack c
crack crack c
crack crack c
crack crack c

NHO TINHA UMA

crack crack crack crack crack crack crack cra crack crack crack cra
crack crack crack crack crack crack crack crack crack ck crack crack crack crack crack crack
crack crack crack crack crack crack crack crack crack cra crack crack crack crack crack crack crack cra
crack crack crack crack crack crack crack crack crack crack crack crack crack crack crack crack crack crack
crack crack crack crack crack crack crack crack crack crack crack crack crack crack crack crack
crack crack crack crack crack crack crack crack crack crack crack crack crack crack crack crack
crack crack crack crack crack crack crack crack crack crack crack crack crack crack crack crack
crack cr crack crack crack crack crack crack crack crack crack crack crack crack
crac crack crack crack crack crack crack crack crack crack crack crack crack crack crack crack crack
c crack crack crack crack crack crack crack crack crack crack crack crack crack crack crack crack
crack crack crack crack crack crack crack crack crack crack crack crack crack crack
crack crack crack crack crack crack crack crack crack crack crack crack
cra crack crack crack crack crack crack crack crack crack crack crack crack
crack crack crack crack crack crack crack crack crack crack crack crack crack crack crack
crack cr crack crack crack crack crack crack crack cra crack crack crack crack crack crack
crack cra crack crack crack crack crack crack crack crack crack crack crack crack crack
crack crack crack crack crack crack crack crack cra crack crack crack crack crack crack

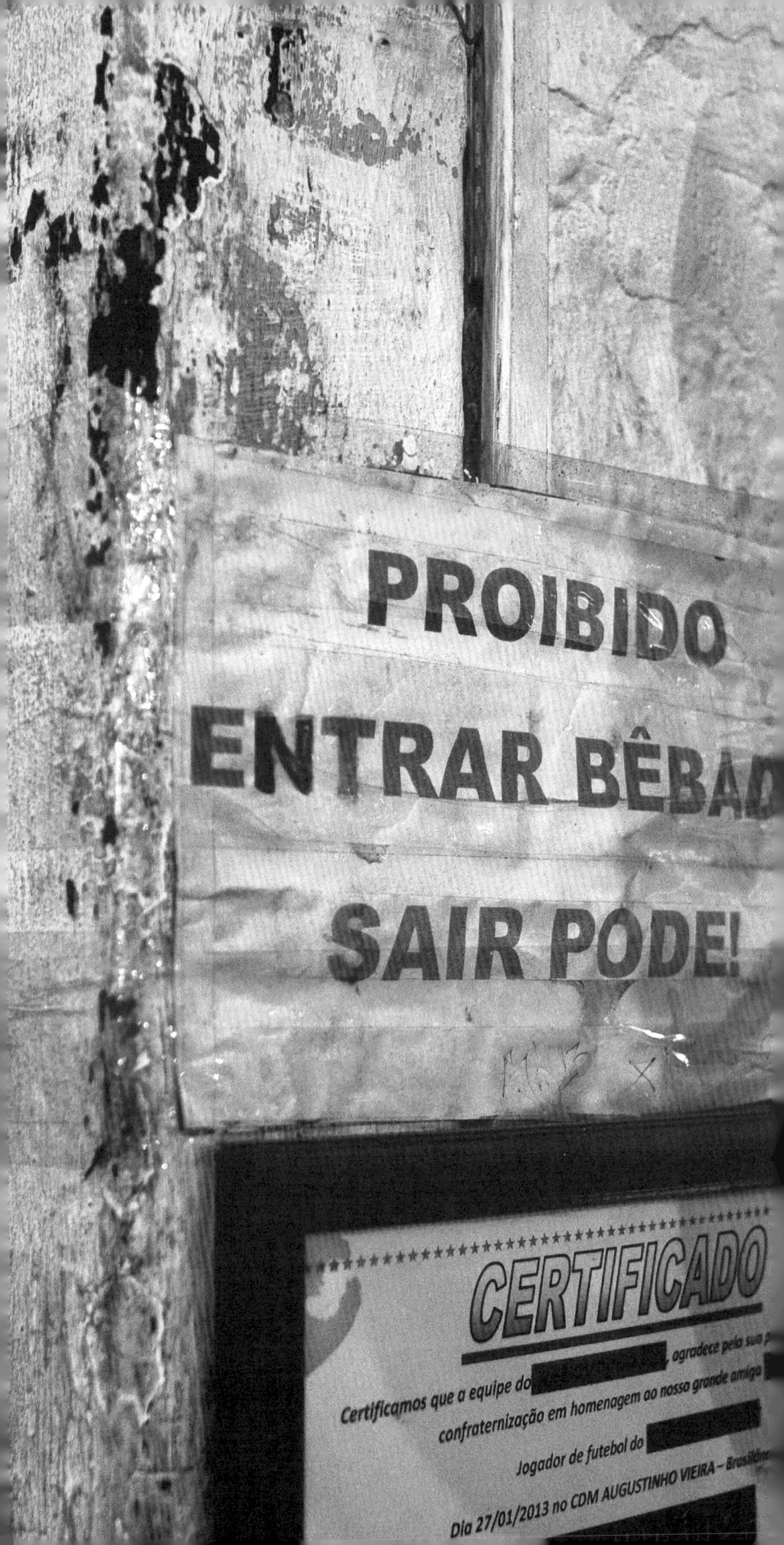

PROIBIDO
ENTRAR BÊBAD
SAIR PODE!

CERTIFICADO

Certificamos que a equipe do , agradece pela sua
confraternização em homenagem ao nosso grande amigo
Jogador de futebol do
Dia 27/01/2013 no CDM AUGUSTINHO VIEIRA – Brasil

POESIA NA BRASA

INFORMAÇÃO É MUNIÇÃO

AGORA O ARMAMENTO
É O CONHECIMENTO,
A MUNIÇÃO É O
LIVRO E OS DISPAROS
VÊM DAS LETRAS.

MANIFESTO POESIA
NA BRASA

Encarapitado em uma ladeira da Brasilândia, entre casinhas escondidas atrás de grades, algum comércio e uma escola estadual de muros pichados, o Bar do Carlita é pequeno para o tanto de gente que vem comemorar os seis anos do Sarau Poesia na Brasa. "Chega pra dentro da Casa de Cultura do Carlita, faz de conta que é o busão", convida

GUMA, DO REDUTO DO RAP: RIMANDO PARA COMEMORAR OS SEIS ANOS DO SARAU DA BRASILÂNDIA

Vagner de Souza, do "núcleo duro" organizador do evento, iniciativa de professores e arte-educadores da região.

Na festa de aniversário, quem dá o recado são os grafiteiros e os rappers convidados. Mas a poesia é a alma do sarau, que já recebeu 70 poetas em uma única noite e está no centro de uma produção editorial impressionante: 12 livros publicados, quatro deles antologias de poesia, com lugar para mais de 50 autores do bairro.

REDUTO DO RAP NO BAR DO CHALITA: CRENÇA NO PODER DA PALAVRA MOVE O ENCONTRO MENSAL

No discurso que para o rap por alguns minutos e dá início à celebração, Vagner lembra a descrença inicial em relação ao sarau e a forma como o evento foi, de fato, acolhido no bairro. "Falavam que ia dar merda. Mas, mesmo quando a quebrada estava estalando, aqui nunca aconteceu nada." A referência é ao período de 2012 em que a guerra entre PCC (Primeiro Comando da Capital, organização criminosa espalhada pelo país) e Polícia Militar, com 26 vítimas na cidade, fez do bairro um campo de batalha, com toque de recolher e manifestações desbaratadas à força de bombas.

O clima de violência associado à Brasilândia inspira a linguagem do manifesto de batismo do Poesia na Brasa, um texto ácido que conclama os participantes a uma espécie de revolução pela palavra: "Nas guerras das armas, os ricos reprimem os favelados com a força do Estado através da polícia. Mas agora é diferente, a periferia se arma de outra forma. Agora o armamento é o conhecimento, a munição é o livro e os disparos vêm das letras. (...) Invadimos as bibliotecas, as universidades, todos os espaços que conseguimos arrumar munição (informação). Não queremos mais seu tênis, seus celulares. Não queremos mais ser (...) consumidores que não questionam a propaganda. Queremos conhecimento e transformações nas relações sociais".

A crença no poder da escrita e da leitura é o que move o coletivo e o sarau, conta Sidney das Neves,

BLACK BIRD
SP
LA
adidas
NEC
Projector
VE282B
HDMI

COM UMA DÚZIA DE LIVROS PUBLICADOS, SARAU É NOTÍCIA BOA EM UM BAIRRO CONHECIDO PELA VIOLÊNCIA E POBREZA

COMUN

também fundador, que trabalha como psicólogo em um abrigo para crianças e adolescentes na região. "O movimento começou com o objetivo de publicar os autores do bairro. Gente que pudesse contar nossas próprias histórias", lembra. "Não temos biblioteca e a leitura que nos indicavam na escola não nos representa. A gente não consegue se enxergar nela." O viés político dos poemas publicados pela Brasa reflete esse sinal de nascença. "Nossa poesia conta nossa visão da vida na periferia. Tem cunho social, discute racismo, gênero, coisas que a gente não concorda. Também fala de amor, de brincadeira, mas sem esquecer de onde a gente veio, como foi difícil escrever uma poesia e publicar um livro."

LEI DO SILÊNCIO

Chamada de Brasa pelos moradores mais jovens, a Brasilândia herdou seu nome de Brasilio Simões, comerciante que liderou a comunidade na construção da Paróquia de Santo Antônio da Vila Brasilândia, nos anos 1940. As mudanças urbanísticas que a prefeitura promovia no centro de São Paulo, na época — alargando avenidas e demolindo cortiços — encareceram a moradia, empurrando em direção à zona norte os moradores mais pobres. Foi esse afluxo, mais os migrantes nordestinos que chegaram em grande número até a década de 1960, que engrossou as estatísticas de população e pobreza do bairro. Hoje, são 270 mil habitantes, vivendo em casas simples, COHABs e favelas. Em 2011, essas últimas eram mais de cem, o que colocava a região entre as cinco com mais favelas na cidade.

Estendendo-se por 21 quilômetros quadrados, o bairro é conhecido pela insegurança. Nas ruas de iluminação precária, assaltos e estupros são frequentes — os índices de violência contra a mulher figuram entre os mais altos do país. Recentemente, voltou a ser notícia por causa de assassinatos e chacinas envolvendo jovens: na praça dos Sete Meninos, cujo nome lembra, justamente, sete adolescentes assassinados em 2007, cinco garotos morreram entre 2013 e 2014. Nenhum dos crimes foi esclarecido: não há testemunhas que ajudem nas investigações e nem os familiares, temendo represálias, desafiam o império da lei do silêncio.

Problemas estruturais produzem flagelos mais cotidianos: faltam calçamento, asfaltamento e a coleta de lixo é irregular. Para vencer os 35 quilômetros que separam o bairro da praça da Sé, gasta-se, com sorte, uma hora no transporte público. Dentro do bairro, a mobilidade não é muito melhor. Há uma década

os moradores esperam a chegada da linha 6 do metrô, que vai ligar a região à zona oeste. Previsto para 2018, o metrô aparece, entre alegorias e cenas da vida da periferia, no painel que os grafiteiros Flavio Henrique do Amaral, o Dimy Unclear, e Camilo Benedito, o Sapiens, ambos na casa dos 30 anos, criam para o aniversário do sarau. A obra que consome cerca de 20 latas de tinta, a R$15 cada, é paga em parte pelos grafiteiros, em parte por uma vaquinha feita na comunidade.

"Isso é pra lembrar a promessa eterna de trazer metrô para cá, que nunca chega", diz Dimy. Ele passou a grafitar por acaso: a irmã tinha um namorado do ramo, que um belo dia esqueceu a mochila com as latas de spray na casa deles. O cunhado usou tudo até a última gota, treinando desenhos figurativos com temas locais. Já Sapiens espalhou pela cidade inteira suas paisagens geométricas, nas quais se projetam as sombras de pequenas silhuetas humanas. De dia, ele troca a tinta pelo giz: é professor de sociologia e filosofia em uma escola pública de ensino médio. É com viés de cientista político que fala de grafite. "É questão de ocupação de espaço público, de análise da condição da vida da periferia", diz. "A sociedade sempre tenta diminuir a gente, é uma forma de dizer estou aqui, me enxerga."

UM BOM LUGAR

"Eu canto, eu berro, eu grito quando eu quero/ E todo mundo gritando!" O velho refrão de Tim Maia, lembrado pelo rapper Detox, cola fácil na orelha do público que se espreme no Bar do Carlita; homens, mulheres e crianças engrossam o coro com gosto. Os caldinhos de mocotó e feijão de corda, bem

DIMY UNCLEAR E SAPIENS: "GRAFITE É OCUPAÇÃO DO ESPAÇO PÚBLICO, É UMA FORMA DE DIZER ESTOU AQUI, ME ENXERGA"

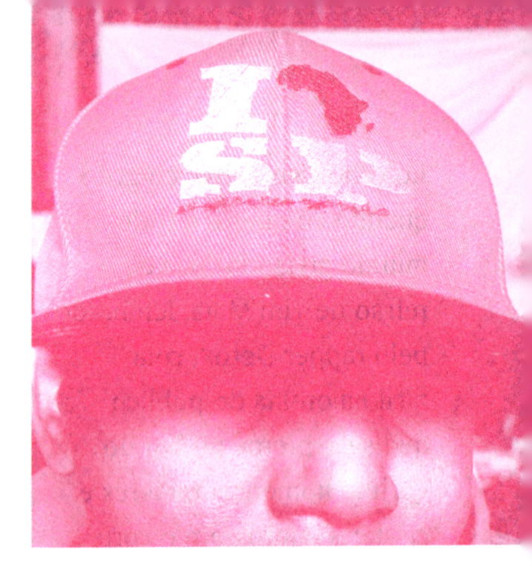

temperados e servidos em cumbucas de plástico, vão saindo; a pinga com boldo é o especial da casa. Em uma parede, um cartaz lembra que não é permitido entrar bêbado no bar, só sair. Em outra, um pôster estampa a frase *Um bom lugar*, título de um rap utópico composto por Sabotage em 2001: "Um bom lugar/ Se constrói com humildade, é bom lembrar". Assassinado com quatro tiros nas costas em 2003, o rapper já havia se tornado uma das figuras mais queridas e admiradas além do circuito da periferia.

Em meio à festa, o MC Helder Rimador, ou Heldon Lopes, 50 anos, vende o livro *Do sertão ao mundão*, em que fala de sua trajetória do interior do Ceará até São Paulo. Aqui encontrou trabalho — começou ajudando um primo a construir quadras de tênis — e também preconceito. "O nordestino já sai em desvantagem na cidade grande", avalia. "Tem que lutar dia a dia para não entrar em coisa errada e precisa saber escolher os amigos." O livro foi lançado pela Multifoco, espaço alternativo carioca. De quem compra na sua mão, que é como boa parte dos autores da periferia se garante, ele cobra R$20 cada um. Se vender todos, ganha R$1 mil em cima dos R$3 mil que pagou para imprimir a tiragem de 200 exemplares. "A gráfica aconselhou a vender por R$30. Mas fica caro pro pessoal aqui", pondera. "E está valendo. Já estou indo pra segunda edição."

A presença de gente egressa de outros saraus e de autores lançados em outras paragens é, mais que comum, desejada no circuito cultural da periferia. "Quem manda aqui são as pessoas que frequentam, nós só organizamos", diz o arte-educador e estudante de pedagogia na USP, Chellmi. Nascido e criado na Brasilândia, ele é um

O CARTAZ LEMBRA SABOTAGE, ASSASSINADO EM 2003: "UM BOM LUGAR/ SE CONSTRÓI COM HUMILDADE"

dos amigos que, além do gosto pelo skate e pelo som de algumas bandas, compartilhavam o sonho de criar um centro cultural na comunidade. O sarau é o centro cultural possível. A lida do coletivo é tão intensa em sua vida que tomou o lugar de um relacionamento de 11 anos. "Não conseguia achar tempo para ela e para a militância", reconhece Chellmi. "Tudo o que tive na vida, que ganhei, que perdi, tem a ver com os saraus."

Se é intenso na vida dos organizadores e dos autores a quem dá voz, qual é o impacto do sarau em um entorno tão carente? "Não sei se faz a diferença que a gente queria que fizesse, mas faz", arrisca Sydnei das Neves. "A Brasilândia tinha uma imagem muito negativa. Não só o sarau, mas todo esse movimento cultural conseguiu diminuir um pouco essa visão. Agora o bairro não é só mais um lugar violento. É violento, como vários. Mas aqui se publica livros, aqui tem um sarau, tem gente daqui que está grafitando até fora do país. Então teve sim algum impacto, e bem significativo."

SEM FICHA

Dois grupos de mendigos disputam a tapa o único trecho coberto da calçada onde dormem; uma mulher negra comete um erro banal e é chamada de "imunda" pelo chefe; um homem já não tão jovem se pendura no ônibus para tentar garantir seu lugar, mas cai e bate a cabeça violentamente no asfalto; uma mulher com dor sai do posto de saúde com um analgésico e morre horas depois de uma gravidez ectópica; na volta de uma excursão a Aparecida do Norte, um acidente de ônibus mata 12 vizinhos; um homem sai correndo do carro de polícia e é fuzilado ao tentar sumir num matagal; o cadáver do dono da quitanda, que foi alvejado por uma bala perdida, espera horas pelo IML sob um pesado temporal.

Melancólicas, pungentes, revoltantes, fortíssimas, as cenas e histórias que compõem os dias da narradora de *Nem tudo é silêncio*, primeiro romance de Sonia Bischain, são em boa parte lembranças do que ela mesma viu e viveu, crescendo entre a Freguesia do Ó e a Brasilândia. Filha de sindicalista e leitora voraz desde criança, ela começou a levar sua ficção a sério depois que se juntou ao Poesia na Brasa, a convite dos amigos dos três filhos, que têm a idade dos organizadores, de 20 a 30 anos. “Eles iam em casa, sabiam que eu lia e escrevia muito, me chamaram”, conta.

Veterana das comunidades de base dos anos 1970 — grupos que se reuniam em torno de paróquias católicas para, incentivados pela Teologia da Libertação, discutir sua realidade política e social —, Sonia não militava havia muito. "Casei, tive filho, fui me desligando", conta. Mas algo na proposta dos meninos a fisgou de volta. "A molecada está muito sem perspectiva. O sarau faz diferença, desperta a curiosidade, recebe quem tem sede de buscar", acha.

A missão do coletivo, para ela, é clara: ajudar as pessoas a gostar de ler. "Conheço muita gente que não tem grana para ir longe, mas leitura é crescimento pessoal", diz. "Nas escolas os professores têm dificuldade, mas aqui é diferente. Falamos dos assuntos do bairro e em uma linguagem própria." Hoje com 57 anos, põe a experiência dos anos em que trabalhou para editoras comerciais a serviço da produção cultural da periferia de São Paulo. Nome recorrente nos expedientes das publicações de poesia e literatura ligadas aos saraus, e não apenas do Poesia na Brasa, ataca em todas: revisa e diagrama textos, pensa capas, fotografa. E ainda cuida da biblioteca do coletivo, que funciona segundo regras próprias. "Não tem ficha, você pega o livro e leva. Pode ficar com o livro e trazer outro no lugar. A ideia é não criar constrangimento nem impedimento."

ZEN

Constituída na base de doações e trocas, a biblioteca comunitária da Brasa é eclética. Entre os volumes espremidos em duas ou três prateleiras no interior do bar, há ideias e livros novos e antigos, livros de ficção e de não ficção e um rol de autores que abarca

TRANSFORMAR A

do americano Sidney Sheldon, best-seller dos anos 1970, ao carioca Raul Pompeia, exemplo do realismo do século XIX. Em um extremo da prateleira, está o clássico *A função do orgasmo,* tratado sobre as resistências físicas ao prazer publicado em 1927 pelo médico austríaco Wilhelm Reich; no outro, *Outra cidade é possível*, em que o economista e cientista político Marcio Pochmann discute alternativas de inclusão na sociedade brasileira contemporânea.

Autores contemporâneos, como o carioca Luiz Alfredo Garcia-Roza (*Achados e perdidos*), convivem com outros quase esquecidos, como a americana Erica Jong (*Para-quedas e beijos)*, e com grandes nomes da literatura no Brasil e no mundo: João Ubaldo Ribeiro (*Miséria e grandeza do amor de Benedita*), Lima Barreto (*O triste fim de Policarpo Quaresma*), Rudyard Kipling (*Kim*), Vladimir Nabokov (*Lolita*), James Joyce (*Dublinenses*).

Para Bereneide do Carmo Andrade, tanto faz. Funcionária pública, 50 anos, ela não gosta de ler. "Me dá sono", confessa. Prefere praia e karaokê. Livros, só os de figuras ou os contos psicografados pela médium Zíbia Gasparetto. Mesmo assim, vai sempre ao sarau. E até quando acha as poesias sem pé nem cabeça, como sói acontecer, aprova e aprecia o ambiente. "O povo aqui é muito zen. Ninguém quer saber de onde você é, todo mundo te cumprimenta. Fico despreocupada, de boa, sei que não estou correndo risco. Até trago meus netos", conta. "Me sinto fazendo parte de uma comunidade."

POESIA
E
ESPEITO

SÉRGIO VAZ

SIMPLICIDADE

No princípio quando era o verbo
de tão pequeno me achava grande,
uma enorme sombra diante de um sol pequeno.
Mas a grandeza das coisa pequenas,
que são as estrelas na órbita da lua,
ensina que a vida cabe somente
na sua Via Láctea.
Porém,
se no teu infinito
não cabe a escuridão alheia,
você brilha tão intenso
que o universo cabe todo
numa casca de noz.
E aí, de tão grande a simplicidade
nasce em teu coração
um planeta melhor:
eu, tu, eles, nós, voz.

OS MISERÁVEIS

Vitor nasceu no jardim das margaridas
Erva daninha nunca teve primavera
Cresceu sem pai sem mãe sem norte sem seta
Pés no chão, nunca teve bicicleta.

Já Hugo não nasceu, estreou
Pele branquinha, nunca teve inverno
tinha pai, mãe, caderno e fada madrinha.

Vitor virou ladrão
Hugo salafrário
Um roubava por pão
O outro para reforçar o salário.

Um usava capuz
O outro gravata
Um roubava na luz
O outro em noite de serenata.

Um vivia de cativeiro
O outro de negócio
Um não tinha amigo, parceiro
O outro, sócio.

Retrato falado Vitor tinha cara na notícia
Enquanto Hugo fazia pose pra revista.

O da pólvora apodrece impenitente
O da caneta enriquece impunemente
A um só resta virar crente
O outro é candidato a presidente.

THIAGO PEIXOTO

AOS HOMENS DE BENS

Eu não mordo a fronha,
só babo falo, mas preciso dizer
que sinto vergonha em pertencer
a esse gênero tão efêmero e mal resolvido
que tem medo de ser confundido
se abraçar ou beijar um indivíduo.

Educado para valorizar o umbigo,
diz farsas e não diz eu te amo a um amigo.
Nega que ganha privilégios de graça,
vê na força da mulher uma ameaça
e na homossexualidade um perigo,
e após lerem esse poema
por certo arrumarão problema comigo.

Não ligo,
que façam barulho.

Essa ostentação do caralho
não é motivo de orgulho,
pelo contrário,
fomos criados para agir feito otários
e reproduzir comentários
de machos que se dizem alfa,
exaltando uma virilidade beta.
Uma gama de imbecilidades
que na realidade mostra
o que muita gente enrustidamente gosta.

Espero que a morte (sem piedade)
com toda sua feminilidade,
abrace os que se julgam do sexo forte
pra abusar sexualmente
ou simplesmente se aproveitar de uma situação
dentro de um vagão lotado.

Um deputado propôs como solução
isolar todas as mulheres
e assim evitar confusão.
Existe, porém,
com relação a esse trem,
também outra questão
(que vai acabar caindo no vão):
a legitimação desse apetite do Cão.

Até quando vamos rezar a cartilha
de que somos parte duma matilha
que só faz expelir escarro?

"Seja homem você também:
exercite sua virilidade,
largue essa pilha de louça,
isso é responsa das moças.
Saia pela cidade para fazer alvoroço.
Acenda seu próprio cigarro.
Ponha o braço pra fora do carro.
Dirija como um piloto.
Aja feito um escroto ao ver passar uma mulher.

Finja realmente saber o que ela provavelmente
não quer."

Fomos doutrinados assim,
a enxergá-las como um pedaço de acém
e assobiar como quem diz "vem",
mas cá pra nós,
isso nunca rendeu nada a mim
e acredito que a ninguém.

Reproduzimos por ignorância,
sem dar importância a essa arrogância
que as provocam ânsia
e faz com que mantenham distância
por terem ciência que é a essência
do que chamam de paumolescência.

Quantas vezes nos pegamos
exaltando que não vomitamos,
que nunca, jamais, brochamos,
que nós podemos trair
já elas tem que se dar ao respeito
não podem beber até cair
pois nós tiraremos proveito.

Escondemos sentimentos
e optamos por mentir
a confessar que amamos,
choramos e esperneamos feito jumentos
o fim de um relacionamento.

Nessa busca por ser o mais gostoso
vence o maior mentiroso,
seja por ter comido mais mina
ou gozado uma, duas, três
sem sair de cima.

Volte Espertirina,
saque desse buquê vistoso
seu poderoso explosivo
e o atire contra nós, homens nocivos,
ditos de família,
que temem ter filhas
ou filhos que usem rosa

E traem suas esposas
(uma vez por semana),
com garotas de programa
que, por não desfrutarem da nossa regalia,
são chamadas de vadia,
quando na realidade,
vinte e quatro horas por dia
são pessoas de verdade.

Diferente dos meus demais,
que quando convém,
são homens de bem,
quando não, são animais.

SEM TÍTULO

A mando calado,
meu coração
já não faz questão
de, em vão, ser amado.

Vive como um hiato.

Não é o tipo ingrato
que come e cospe no prato,
como corre o boato.

O que ele quer de fato
é o tato da reciprocidade,
de olhos fechados se entregar
a todas as possibilidades
e explodir de amar.

No entanto
diante do desengano
começa a cogitar
se vale a pena arriscar
ver mais lágrimas rolando.

É instintivo.

Apreensivo, em seu canto,
sempre esbarra num crivo
e vira as páginas em branco.

Teme chegar ao fim do livro
e levar um espanto
diante de tanto cultivo
de amores paliativos.

Então pulsa reticente,
ruminando o que virá pela frente.

Provavelmente
ainda perderá outras chances
de saborear os capítulos
de improváveis romances
que acabarão sem título.

Mas não é ignorante,
como lhe disseram um dia,
é que amar não se aprende,
se não certamente
ele também aprenderia.

É até bem inteligente, eu diria,
tanto que consegue saber
que essa lágrima viria
antes mesmo dela escorrer.

THIAGO CERVAN

_INHO

gostam dos cultos. dos *cults*.
calça social, sapato, suspensório, óculos.

acham bonitinho.

gostam dos que sabem de herzog
e dominam o francês.

gostam dos *blasés*: testa franzida,
bocejo para o caos e bach na vitrola.

não gostam dos maloqueiros,

são agressivos demais. *olha mãe,*
pode jogar maconha pra ele?

gostam dos que se assemelham a eles.
gostam dos que passam um pano do passado.
não adianta passar pano: o pano rasga.

não gostam dos que remexem a tez aberta,
repleta de pus. pútrida.

ESCOLHER AS roupas,
a mudança de forma.
comunicar os próximos
e os longínquos. pensar
antecipadamente & cremar
a angústia da possibilidade de
ir depois dos que deveriam ir depois

_HC

na sala alva
silenciosas e transparentes
cobras plásticas
retorcem nossas
gargantas em nó

os tubos
não são de nenhum órgão
porém tocam
dolorosamente
o corpo pianíssimo
de minha avó

PROIBIDO ENTRAR
SEM
CAMISA
ADEGA TRAGONOSSO
TEL: 3851-4299 / 3982-4147
AGOSTO

SARAU ELO DA CORRENTE

NEGRO, NORDESTINO, PERIFÉRICO

Em uma cena marcada pela multiplicação dos movimentos culturais de periferia, o nome do sarau de poesia que lota mensalmente o minúsculo Bar do Santista, na região de Pirituba, faz todo sentido. Saiu das rimas do grupo de rap Alerta ao sistema: "Cada elo da corrente, guerreiro, é valioso/ Sou linha de frente

O NOME DO SARAU SAIU DE UMA LETRA DE RAP; SOBRE O BOTECO-SEDE, FUNCIONA UMA RÁDIO COMUNITÁRIA

na defesa do meu povo". A ideia de um evento de poesia nasceu nas conversas de Mannu UF e Raquel Almeida, ambos do grupo, com Michel Yakini, poeta, cronista e zineiro. "Achava que tinha mais gente por aqui que escrevia", diz Michel. A proposta do sarau foi apresentada a seu tio, Claudio Ciríaco, dono do bar-sede e fundador da rádio local Urbanos, na qual a trinca já tinha feito um programa unindo rap e debate. "Não sei o que é isso, mas vamos lá", disse Santista.

EU NÃO QUERO MAIS
ESSA VIDA, ESSA SINA
DE SÓ ME RESTAR
SER UM NEGRO
SEM AUTOESTIMA

MICHEL YAKINI

Com cerca de 400 mil habitantes, Pirituba fica entre as margens do rio Tietê, a rodovia Anhanguera, e os distritos de Jaraguá, Perus e Freguesia do Ó.

A mudança recente no perfil socioeconômico do bairro se espelha em um rápido processo de verticalização e no aparecimento de shopping centers e condomínios. Mas restam áreas pobres e desatendidas, além de algumas tantas favelas. No Jardim Monte Alegre, onde fica o Bar do Santista, a coleta de lixo é irregular e os "noias" — viciados em crack — vivem se escondendo entre os barracos. À noite, o clima de insegurança piora, com ataques e assaltos a moradores que chegam da faculdade, da escola, do emprego.

Por conta disso, o Elo da Corrente teve de vencer resistências até se estabelecer como opção local e familiar de entretenimento. "Agora vem mulher, vem criança, mas no começo muita gente achava perigoso fazer um encontro comunitário aqui",

CLAUDIO CIRÍACO (ACIMA), O SANTISTA, ACOLHEU O SARAU INVENTADO PELO SOBRINHO MICHEL YAKINI (À DIR.)

SARAU
ANIVERSÁRIO
DO ELO
DA CORRENTE
KAISER

conta Michel. Os primeiros saraus, reunindo amigos e parentes dos organizadores, aconteceram "na base da voz": não havia sequer microfone. Se o ambiente do bar ainda é o mesmo — chão de cacos de cerâmica, imagem de santa e emblema do time do coração do dono na parede, umas poucas mesas de plástico —, o sarau cresceu e deu frutos.

Agora abarcando biblioteca comunitária e selo editorial, e servindo de plataforma para outras ações culturais, o evento celebrou seu sétimo aniversário em uma noite gélida de junho de 2014. Ao som de tambores e berimbaus, uma salva de fogos de artifício coloriu a rua estreita e as paredes de bloco da favela que começa em frente ao Santista, abrindo os trabalhos. Ao lado de Raquel e de outros poetas e organizadores, Michel fez um discurso emocionado: "Sete anos. A criança está crescendo, já anda sozinha".

SARAU É PODER

No espaço exíguo que resta para o microfone quando o sarau afinal começa — e as cerca de trinta pessoas espalhadas pela calçada entram no bar —, as atrações da noite se sucedem. O rapper MC Merenda manda seu recado político; um senhor de ar humilde declama versos em tom de repente; uma moça de traços delicados lê um poema em que reclama do gosto do parceiro por fazer sexo sem olhar em seus olhos; e até o dono do bar se arrisca a compartilhar seus escritos, anotados em um caderno universitário.

Antes que acabe — em bolo, parabéns e um caldeirão de caldo de feijão —, a noite de aniversário do Elo da Corrente revelará uma amostra de autores tão sortida quanto sempre foi. "Por conta de como a gente faz o sarau, o conceito de poesia aqui é aberto", explica Michel. "É um espaço de troca artística. Poesia é o carro-chefe,

NA ZONA OESTE DE SÃO PAULO, PIRITUBA MANTÉM ÁREAS POBRES, VIOLENTAS E DESATENDIDAS

mas a gente acaba discutindo machismo, homofobia, racismo. Os poetas estão vivendo nosso dia a dia, e a produção deles reflete isso". A única regra que se impõe é o silêncio: todos devem ser ouvidos.

Nascido para dar um palco aos artistas locais, que sequer se reconheciam como tal, o sarau revela temas recorrentes por entre versos e rimas. Os mais marcantes são cultura negra, vida na periferia e alma nordestina. Um dos poetas mais celebrados do elenco da casa, o baiano sexagenário João do Nascimento Santos, cria poemas, peças e folhetos de cordel — como *O homem que viu o cão* e *Saudades do sertão* — que reafirmam a cada verso a herança cultural do semiárido. É dele um dos livros lançados pelo selo do sarau, *Cada estrofe uma história, cada verso uma memória*.

O exercício orgulhoso de identidades culturais sob as quais pesam preconceitos

É PODER

renitentes tem seu efeito nos frequentadores. “Sarau é poder”, diz o pernambucano Douglas Edmilson da Silva Alves, 31 anos, em São Paulo desde 2008. Ele chegou ao Elo da Corrente por acaso e se envolveu tanto que acabou promovido a organizador. “Não me identificava como negro antes do sarau. Até o fato de ser nordestino ficou mais claro aqui”, conta. Hoje, se diz “negro, nordestino e periférico existencialista”. DJ, toca Reginaldo Rossi, Odair José, Wando, “patronos sentimentais da periferia e da música brega”, e pesquisa ritmos ligados à herança afro e indígena, como

ROBERTO GUERRERO DECLAMA, ASSISTIDO POR VANESSA PEÇANHA E RAQUEL ALMEIDA: ESPAÇO EXÍGUO RECEBE ATÉ 30 POETAS POR NOITE

coco e maracatu, enquanto estuda Ciências Sociais na PUC, com bolsa do PROUNI.[1]

A questão da negritude também é especialmente cara à sócia-fundadora Raquel Almeida. Mas o sarau não se restringe a ela. “O nome Elo da Corrente fala de ligação humana, de sua continuidade, de um dando a mão para o outro”, explica. Terceira dos sete filhos de um casal de migrantes baianos, ela nasceu e cresceu em Pirituba e escreve poesia desde sempre, por influência da família. “Minha mãe sempre leu e escreveu muito”, conta. Em 2008, publicou, pelo selo do sarau, em parceria com a também escritora Soninha M.A.Z.O., o livro *Duas gerações sobrevivendo no gueto*, de contos, poemas e crônicas inspirados na vida no bairro. Antes do Elo, frequentou com Michel o Sarau da Cooperifa. “É um lugar de encantamento”, opina.

“O NOME ELO DA CORRENTE FALA DE UM DANDO A MÃO PARA O OUTRO”, DIZ A CO-CRIADORA RAQUEL ALMEIDA

GRAÇAS À PADROEIRA

Até 20 anos, Claudio Ciríaco, o Santista, queria ser padre. Chegou a frequentar o seminário, mas o destino tinha outros planos. Aos 58, o Santista é dono do bar que atende pelo seu apelido; além dele, comanda, no andar de cima do mesmo sobrado, a rádio comunitária Urbanos FM 87,5 MHZ. Privilégio dos moradores da região, já que alcança um raio máximo de cinco quilômetros, a emissora noticia a vida do pedaço e toca Roberto Carlos, pagode, brega e sertanejo, herança do pai de Claudio, que era cantor e fez fama no gênero.

1 Programa do Ministério da Educação que concede bolsas de estudo integrais e parciais de 50% em instituições privadas de educação superior, em cursos de graduação e sequenciais de formação específica, a estudantes brasileiros sem diploma de nível superior.

SARAU
ELO DA
CORRENT
BAR
DO SANTISTA

Apesar de existir há quase 15 anos, a Urbanos era clandestina até o dia da graça de 21 de dezembro de 2013. Além do gosto musical do pai, o Santista herdou a devoção a Nossa Senhora Aparecida, que, afinal, lhe valeria. "A gente corria atrás da legalização, corria, e nada", conta. "Aí fui fazer uma peregrinação a pé até Aparecida do Norte, e não é que no dia exato em que cheguei à cidade a licença da rádio saiu? Acho que foi milagre da padroeira."

No cartaz da rádio que domina uma parede do boteco, a padroeira da emissora, do bar e do Brasil reina absoluta. Do outro lado do balcão, como ninguém é de ferro, o que chama atenção são as pingas curtidas na carqueja ou outras ervas. Também faz sucesso a Lokal, boa cerveja produzida em Teresópolis e vendida a R$ 2,50 a garrafa de 600 ml. Além de gostar da troca de ideias, Claudio vê seu movimento crescer significativamente nas noites de sarau, com direito a fregueses vindos de outras localidades e até de outros estados.

VENDO PÓ

Figura assídua nos saraus literários da periferia, Rodrigo Ciríaco veio ao Elo da Corrente divulgar seu livro, *Vendo pó...esia*. O carro-chefe é o poema homônimo, em que o poeta e ativista recorre ao vocabulário dos traficantes de drogas para tentar "passar" ao leitor um pouco de poesia. Com formação em teatro — também é bacharel em história pela USP —, ele faz da declamação uma performance. "Tem papel de dez, papel de vinte, papel de trinta / Com dedicatória do autor/ Ainda vivo", anuncia, mexendo-se nervosamente pelo espaço disponível, como se estivesse sob efeito de cocaína. Ao fim do poema, declara seus princípios: "Deixar os malucos chapados é nosso barato". De poesia, claro.

Faz tempo que Ciríaco está nesse barato. Professor de história do ensino médio da

RODRIGO CIRÍACO DECLAMA SEU "VENDO PÓ": POETA PERFORMÁTICO

Escola Estadual Jornalista Francisco Mesquita, em Ermelino Matarazzo, distrito carente na zona leste de São Paulo, começou incitando os alunos a escrever sobre sua realidade e promovendo oficinas de interpretação de texto e encontros literários, na escola, com escritores e jornalistas de dentro e de fora da cena periférica: Marcelino Freire, Sacolinha, Eliane Brum. Mesmo sem grande incentivo da instituição, criou em 2010 o sarau e coletivo literário Mesquiteiros, que reúne alunos e ex-alunos em torno de seções de leitura de poesia voltadas à comunidade. "Alguns alunos saem da escola, mas ficam no sarau, porque se sentem comprometidos com o bairro".

A missão que se impõe é fomentar alguma vida cultural numa região muito carente de equipamentos públicos. "Temos como filosofia a melhoria do bairro, a transformação da cena cultural. Ermelino Matarazzo tem 220 mil habitantes e uma única biblioteca. Não tem centro cultural, Fábrica de Cultura, Sesc. A gente trabalha para minimizar essa ausência", conta. Autor de outros dois livros, *Te pego lá fora* (2008) e *100 m*ágoas (2011), ambos lançados pelo selo do sarau, o Um por todos, Ciríaco tem participado de palestras e encontros sobre literatura e periferia no Brasil e no exterior. Também faz sucesso como autor: *Te pego lá fora* foi relançado em 2014 com "pocket sarau" na Livraria Cultura da avenida Paulista.

Com tudo isso, tenta manter o foco na criação de mecanismos de estímulo aos novos poetas. O mais recente deles é o Rachão poético, campeonato de poesia que percorreu saraus, bibliotecas e unidades do Sesc São Paulo na cidade inteira, da periferia a bairros de classe média, com o objetivo de mobilizar novos poetas e revelar talentos. O formato é inspirado nas *slams,* batalhas de poesia que viraram moda americana na última década. Os "jogadores" formam trincas e fazem apresentações de até três minutos, que são avaliadas pelo público nos quesitos texto e performance, além de comentadas por poetas convidados. "É a poesia como esporte nacional", diz Ciríaco, o vendedor de pó… esia.

PALAVRA OUVIDA

Depois de nascer semanal, o Elo da Corrente engatou uma

reduzida e passou a acontecer só uma vez por mês. Em contrapartida, as atividades de Michel Yakini no *front* da literatura periférica só fizeram se intensificar. Estudante de letras na Universidade de São Paulo e representante regional da Fundação Cultural Palmares em São Paulo, o autor de *Desencontros* (2007), livro de contos; *Acorde um verso*, de poesia (2012) e o recente *Crônicas de um peladeiro* (2014) tem feito falas e mediado palestras sobre cultura negra e da periferia, arte-educação e criação literária pelo Brasil afora.

PERNAMBUCANO VIVENDO EM SÃO PAULO, DOUGLAS EDMILSON DA SILVA ALVES SE ACHOU NO SARAU: DE FREQUENTADOR, VIROU ORGANIZADOR

O esforço compensa. Embora o Elo da Corrente seja mais conhecido no circuito alternativo dos saraus de periferia do que em seu próprio bairro, é motivo de orgulho entre os moradores assíduos que o evento tenha se tornado uma referência positiva onde elas são escassas. “O sarau legitima o bairro, dá destaque para a questão da arte, e não só para as mazelas”, diz Michel. Para ele, o mais importante nem é isso. “A palavra está sendo mais ouvida. Ler, discutir, ouvir: as pessoas que se dispõem a isso vão se tornando melhores.”

EPÍLOGO

Os saraus de poesia da periferia paulistana nascem de um gesto sutil, mas com potencial revolucionário. Ao desviar sua atenção da oferta cultural do "centro", distante de tantas maneiras, e voltar-se para a produção dos artistas e os interesses do público à sua volta, os protagonistas do movimento inauguram novos territórios de fruição e troca cultural e lançam as bases para uma poderosa coalizão de sensibilidades. Centro cultural possível e de formatos múltiplos, o sarau põe a linguagem e as visões de mundo da periferia no centro de uma nova cena e desafia a ordem que define quem é ator e quem é público, quem fala e quem ouve, quem produz e quem consome cultura, do que ela trata e como.

Na acepção dicionarizada, "sarau" é encontro de artistas, intelectuais e apreciadores das artes em clubes ou salões particulares. A palavra ficou identificada às noites de música e poesia realizadas em salões burgueses, como as que pipocaram em São Paulo na virada para o século XX. Reivindicada pela periferia, agora designa encontro duplamente aberto — ao público e a quem quiser manifestar-se — em cenários que variam da escola à instituição cultural, da praça pública ao boteco. Da definição original, mantém-se a ideia da confluência de linguagens, como música, vídeo, dança, teatro e grafite, mas também a ênfase incontornável na palavra escrita e falada.

Nesse contexto específico, a poesia ganha significado ampliado. É a expressão compartilhável — com mais e menos rima, ritmo, informação, sentido — de verdades e sentimentos pessoais, mas também da observação aguda de uma realidade comum às periferias. Como o rap, ao qual parece ligada pelo umbigo, a poesia dos saraus canta a vida na "quebrada", questiona desigualdades e exorta à união. A sensação de poder gerada pelo encontro e pela identificação é o cimento que constrói essa cena.

O passeio que este livro faz por cinco saraus de fama crescente, nascidos em diferentes periferias da cidade, revela noites animadas e democráticas — na mistura de gente de idades, ocupação e interesses diversos. De forte viés político, todos têm como plataforma explícita incitar o público a conquistar um novo poder: aquele que está ao alcance de quem lê, se informa, abre horizontes e aprende a interpretar o mundo para além de interditos e aparências.

Eclético, o cardápio das noites de poesia da periferia soma poemas de produção local e criações de escritores, poetas e revolucionários conhecidos, do dramaturgo alemão Bertolt Brecht à catadora de papel mineira Carolina Maria de Jesus. Os relatos deste livro buscam recriar a atmosfera dos encontros e destacar seus grandes personagens: gente que se descobriu por acaso na leitura e na escrita, veteranos da militância local, jovens e adultos que encontraram no sarau algo a fazer por eles mesmos e por suas comunidades.

Ao trabalhar para fomentar os saraus de poesia — e, além deles, todo um mercado cultural paralelo de livros editados e vendidos sem intermediários —, poetas e ativistas projetam, a partir da periferia, imagens de inteligência, criatividade, organização e união. Com isso, ajudam a desenhar novos contornos para um mundo que o "centro" vê sempre de longe, nas notícias de violência. Mais do que isso, instigam um público desatendido em suas necessidades de expressão e fruição cultural a buscar novas formas de resistir aos destinos traçados pela pobreza.

RUTH BARROS E TETÉ MARTINHO

CAIXINHA
Festa
de Fim

O NOME
não é a coisa
embora toda
coisa
tenha um nome
e todo nome
seja também
uma coisa
da linguagem
essa coisa
centro&margem
que salta
do alto
das virgens
origens:
vertigem
selvagem

AUTORES

BINHO

Binho nasceu em Taboão da Serra, em 1964. É poeta. Autor do livro *Postesia* (1999) e coautor, ao lado de Sérgio Poeta, do livro *Donde Miras – dois poetas e um caminho* (2007). É idealizador do Sarau do Binho que acontece há dez anos na zona sul de São Paulo e também da Expedición Donde Miras (caminhada cultural pela América Latina), da Bicicloteca (biblioteca em bicicletas) e do Projeto Postesia (poesia nos postes).

GLÁUCIA ADRIANI

Gláucia Adriani Santos da Silva nasceu em Belém do Pará, em 1974. Adora animais e nunca passa embaixo de escadas. Publicou poema na *Revista da Gente de Palavra*, em 2013. É educadora social e participa do Coletivo Sarau na Quebrada (Santo André, SP) como organizadora e articuladora. Acredita que escrever liberta a alma das angustias diárias.

HELIO NERI

Helio Neri nasceu em Santo André, SP, em 1973. Publicou os seguintes livros de poesia *Avulsos* (2002), *Sombras das coisas* (2003), *Registro* (2005), *Febre* (2006), *Anomalia* (2007), *Palavra insubordinada* (2011) e *Bandido* (2014).

LUAN LUANDO

Luan Luando, cujo nome de batismo é Luan de Jesus, nasceu em 1989. É poeta, articulador e fomentador de saraus nas periferias de São Paulo. Autor do livro de poemas *Manda busca* (2011). Desenvolve projetos de incentivo à leitura pela comunidade, como Bicicloteca (distribuição de livros em bicicleta), Pratiler (prateleiras de livros nos comércios na região do Campo Limpo, zona sul de São Paulo) e distribuição de livros no Terminal Campo Limpo.

LUIZA ROMÃO

Luiza Sousa Romão nasceu em Ribeirão Preto, SP, em 1992. Formou-se em Artes Cênicas na Universidade de São Paulo, USP, em 2014, e, desde então, trabalha como atriz, diretora e arte-educadora. Paralelamente, desenvolve pesquisa com poesia falada, através da participação em *Slans*, feiras do livro e saraus. Ganhou Slam do 13 (Edição Março), ZAP! (Edição Março), Menor Slam do Mundo (Edição Março), Slam da Guilhermina (Edição Maio e Junho). Também integra o coletivo de poetas Clube Atlético Passarinheiro.

MARCIA LIMA

Marcia Lima nasceu em Mauá, SP, em 1984. É MC do grupo Rimação. É formada em Serviço Social. É militante da Cultura Hip Hop, principalmente na luta das mulheres nesse espaço, membro do Coletivo Mulheriu o Clã. Também faz parte do Coletivo Sarau na Quebrada – Santo André, SP.

MICHEL YAKINI

Michel Yakini é escritor, arte-educador e produtor cultural. Cursa Letras na Universidade de São Paulo, USP, e é representante Regional da Fundação Cultural Palmares em SP, além de colunista do jornal *Brasil de Fato*. Publicou o livro de contos *Desencontros* (2007), o livro de poemas *Acorde um verso* (2012) e *Crônicas de um peladeiro* (2014). É cofundador do Coletivo Literário Elo da Corrente, realizado no bairro de Pirituba.

RODRIGO CIRÍACO

Rodrigo Ciríaco é educador e escritor. Autor dos livros *Te pego lá fora* (2008), *100 mágoas* (2011) e *Vendo Pó... esia* (2014). Organiza o Sarau dos Mesquiteiros, Rachão Poético e as Edições Um por Todos.

SÉRGIO VAZ

Sérgio Vaz é poeta da periferia e agitador cultural. Mora em Taboão da Serra, na Grande São Paulo. Publicou os seguintes livros de poesia: *Subindo a ladeira mora a noite* (1988), *A margem do vento* (1991), *Pensamentos vadios* (1994), *A poesia dos deuses inferiores* (2005), *Colecionador de pedras* (2007) e *Literatura, pão e poesia* (2011). É criador da Cooperifa (Cooperativa Cultural da Periferia) e um dos criadores do Sarau da Cooperifa, evento que transformou um bar na periferia de São Paulo em centro cultural, e que, às quartas-feiras, reúne em torno de 300 pessoas para ouvir e falar poesia. O local se transformou num dos maiores quilombos culturais do país.

THIAGO CERVAN

Thiago Cervan nasceu em 1985 em São Bernardo do Campo, SP, e vive em Atibaia, SP. É poeta e educador popular. É ainda um dos idealizadores do Sarau do Manolo, do Atibaia Slam Clube e do FLIPOP – Festival de Literatura Popular de Atibaia. Publicou dois livros de poemas: *Sumo bagaço* (Edições Maloqueiristas, 2012) e *Dentro da betoneira* (Incubadora de Artistas, 2014).

THIAGO PEIXOTO

Thiago Peixoto nasceu em 1986. É poeta paulistano, comunicador, vocalista da banda Apologia Groove. É integrante do Luz, flores e peixes (grupo musical infantil), e um dos idealizadores do Poetas Ambulantes, coletivo que faz intervenções poéticas nos transportes públicos. Em 2012, foi o campeão do Slam da Guilhermina (batalha de poesia falada) e, em 2013, do Zap!Slam. É um dos organizadores do Slam do 13, que acontece mensalmente na zona sul de São Paulo. Autor do livro de poemas *Embrionários versos revolucionários* (2013). Pública parte de seus textos em seu blog "Disperso em versos".

BIBLIOGRAFIA

BINHO. *Postesia*. São Paulo: independente, 1999.

_____; POETA, Sérgio. *Donde Miras – dois poetas e um caminho*. São Paulo: Edições Toró, 2007.

BUZO, Alessandro. *O trem baseado em fatos reais*. São Paulo: Scortecci, 2000.

C., Toni. (Org.). *Hip Hop a lápis: o livro*. São Paulo: Editora e Livraria Anita, 2005.

BROWN, Mano. Entrevista. In: *Teoria e Debate* n. 46, São Paulo: Fundação Perseu Abramo, 2001.

CERVAN, Thiago. *Sumo do bagaço*. São Paulo: Poesia Maloqueirista, 2012.

_____. *Dentro da betoneira*. São Paulo: Incubadora de Artistas, 2014.

CIRÍACO, Rodrigo. *Te pego lá fora*. São Paulo: Edições Toró, 2008.

_____. *100 mágoas*. São Paulo: Edições Um Por Todos, 2011.

_____. *Vendo pó...esia*. São Paulo: independente, 2014.

FERRÉZ. *Fortaleza da desilusão*. São Paulo: independente, 1997.

JESUS, Carolina Maria de. *Quarto de Despejo: Diário de uma Favelada*. São Paulo: Francisco Alves, 1960.

_____. *Antologia Pessoal*. Rio de Janeiro: UFRJ, 1996.

LUANDO, Luan. *Manda busca*. São Paulo: independente, 2011.

NERI, Helio. *Avulsos*. Santo André: independente, 2002.

_____. *Sombra das coisas*. Santo André: independente, 2003.

_____. *Registro*. Santo André: independente, 2005.

_____. *Febre*. Santo André: independente, 2006.

_____. *Anomalia*. Santo André: independente, 2007.

_____. *Palavra insubordinada*. Santo André: Alpharrabio Edições, 2011.

_____. *Bandido*. São Paulo: Oitava Rima Editora, 2014.

PEIXOTO, Thiago. *Embrionários versos revolucionários*. São Paulo: Editora Conecta Brasil, 2013.

ROSA, Allan Santos da. *Vão*. São Paulo: Edições Toró, 2005.

SACOLINHA. *Graduado em marginalidade*. São Paulo: Scortecci, 2005.

TADDEO, Eduardo. *A guerra não declarada na visão de um favelado*. São Paulo: independente, 2012.

VAZ, Sérgio. *Subindo a ladeira mora a noite*. São Paulo: independente, 1988.

_____. *A margem do vento*. São Paulo: independente, 1991.

_____. *Pensamentos vadios*. São Paulo: independente, 1994.

_____. (Org.) *O rastilho da pólvora: antologia do sarau da Cooperifa*. São Paulo: Itaú Cultural, 2004.

_____. *A poesia dos deuses inferiores*. São Paulo: independente, 2005.

_____. *Cooperifa – Antropofagia Periférica*. São Paulo: independente, 2008.

YAKINI, Michel. *Acorde um verso*. São Paulo: Edce, 2012.

_____. *Crônicas de um peladeiro*. São Paulo: independente, 2014.

FABIANO CALIXTO (1973), poeta e professor. Autor de: *Algum* (edição do autor, 1998), *Fábrica* (Alpharrabio Edições, 2000), *Um mundo só para cada par* (Alpharrabio Edições, 2001), *Música possível* (Cosac Naify/7 Letras, 2006), *Sangüínea* (Editora 34, 2007), *A canção do vendedor de pipocas* (7 Letras, 2013), *Para ninar o nosso naufrágio* (Corsário-Satã, 2013), *Equatorial* (Tinta-da-China Edições, 2014) e *Nominata morfina* (Córrego/Corsário-Satã/Pitomba, 2014).

RUTH BARROS trabalhou na *Folha de São Paulo*, *O Estado de S. Paulo*, *Jornal da Tarde* e nas TVs Globo e Bandeirantes. Estudou e atuou como jornalista em Paris, Londres e Boston. É autora de *Ioga além da prática* (Integrare Editora, 2010), *Florais perversos de Madame de Sade* (Rocco, 2005); roteirista do documentário *Sobre nós mesmos*. Foi assessora de imprensa do Theatro Municipal, do Theatro São Pedro; é diretora de comunicação da ONG Futebol Social.

TETÉ MARTINHO (1963) é jornalista. Passou por veículos como *Jornal da Tarde*, *Folha de S. Paulo*, *Marie Claire Brasil*, *Bravo* e *Trip*. Desde 2003, trabalha com publicações sobre arte e cultura contemporâneas. Entre outros, editou catálogos de exposições brasileiras de Olafur Eliasson, Joseph Beuys e Isaac Julien.

COLETIVO GARAPA é um espaço de criação que tem como objetivo pensar e produzir narrativas visuais, integrando múltiplos formatos e linguagens. Foi fundado em 2008 pelos jornalistas e fotógrafos Leo Caobelli, Paulo Fehlauer e Rodrigo Marcondes, tendo recebido o X Prêmio Funarte Marc Ferrez de Fotografia e o III Prêmio Diário Contemporâneo de Fotografia.

IMPRENSA OFICIAL DO ESTADO DE SÃO PAULO AGRADECE A VALIOSA CONTRIBUIÇÃO DE MARCELO MATTOS ARAUJO, SECRETÁRIO DE ESTADO DA CULTURA E SAMUEL TITAN JR. NA CONCEPÇÃO DESTE LIVRO

TODOS OS VERBETES E TEXTOS ASSINADOS SÃO DE RESPONSABILIDADE EXPRESSA DE SEUS AUTORES

IMAGEM CONTRACAPA
SÃO PAULO, 12/04/2003, 02H31 / EARTH SCIENCE AND REMOTE SENSING UNIT, NASA-JOHNSON SPACE CENTER.

NOTA DO EDITOR
FORAM EMPENHADOS TODOS OS ESFORÇOS PARA IDENTIFICAR AS PESSOAS FOTOGRAFADAS. TODAS AS FOTOGRAFIAS SÃO DE AUTORIA DO COLETIVO GARAPA, EXCETO A FOTO SUPERIOR DA PÁGINA 96. APESAR DE TODOS OS ESFORÇOS EMPREENDIDOS PARA SE IDENTIFICAR SUA AUTORIA, ISSO NÃO FOI POSSÍVEL. OS EDITORES AGRADECEM A SOLIDARIEDADE DE EVENTUAIS LEITORES QUE POSSAM CONCORRER COM TAIS IDENTIFICAÇÕES, E SE COMPROMETEM A INCLUÍ-LAS EM NOVA EDIÇÃO, CASO OCORRA.

coordenação editorial
CECÍLIA SCHARLACH
edição
ANDRESSA VERONESI
assistência editorial
ARIADNE MARTINS
projeto gráfico
LUCIANA FACCHINI
tratamento de imagem
TIAGO CHEREGATI
ctp, impressão e acabamento
IMPRENSA OFICIAL DO ESTADO DE SÃO PAULO

FORMATO 13 x 23 cm | **TIPOLOGIA** Amerigo e High Tide
PAPEL Offset 63 g/m^2 e 90 g/m^2 | **TIRAGEM** 2.000

Biblioteca da Imprensa Oficial do Estado de São Paulo

---

5 saraus: cada qual com sua poesia, cada qual com sua fúria /
apresentação e organização: Fabiano Calixto;
textos-reportagens: Teté Martinho, Ruth Barros;
Fotografias Coletivo Garapa.
São Paulo: Imprensa Oficial do Estado de São Paulo, 2015.
188 p., 81 Il.

Vários autores.
Bibliografia.
ISBN 978-85-401-0120-3

1. Poesia brasileira I. Calixto, Fabiano.
II. Martinho, Teté. III. Barros, Ruth.

CDD B869.1

Índice para catálogo sistemático:
1. Poesia popular brasileira 869.1

GRAFIA ATUALIZADA SEGUNDO O ACORDO ORTOGRÁFICO DA LÍNGUA PORTUGUESA DE 1990, EM VIGOR NO BRASIL DESDE 2009.

FOI FEITO O DEPÓSITO LEGAL NA BIBLIOTECA NACIONAL (LEI N. 10.994, DE 14/12/2004).

IMPRESSO NO BRASIL, 2015

IMPRENSA OFICIAL DO ESTADO DE SÃO PAULO
RUA DA MOOCA 1921 MOOCA
03103 902 SÃO PAULO SP BRASIL
SAC 0800 0123 401
WWW.IMPRENSAOFICIAL.COM.BR

GOVERNO DO ESTADO DE SÃO PAULO

Governador
GERALDO ALCKMIN

Secretário de Governo
SAULO DE CASTRO ABREU FILHO

IMPRENSA OFICIAL DO ESTADO DE SÃO PAULO

Diretora-presidente
MARIA FELISA MORENO GALLEGO